네
글자

Four-letter words

Four-letter words

펴낸날   2017년 7월 10일
2쇄 펴낸날 2017년 9월 27일

지은이 이웅희
펴낸이 주계수 | **편집책임** 윤정현 | **꾸민이** 전은정

펴낸곳 밥북 | **출판등록** 제 2014-000085 호
주소 서울시 마포구 월드컵북로 1길 30 동보빌딩 301호
전화 02-6925-0370 | **팩스** 02-6925-0380
홈페이지 www.bobbook.co.kr | **이메일** bobbook@hanmail.net

© 이웅희, 2017.
ISBN 979-11-5858-296-8 (03810)

※ 이 도서의 국립중앙도서관 출판시도서목록(CIP)은 e-CIP 홈페이지(http://www.nl.go.kr/cip)에서 이용하실 수 있습니다. (CIP 2017015637)

※ 이 책은 저작권법에 따라 보호받는 저작물이므로 무단전재와 복제를 금합니다.
※ 책값은 표지 뒷면에 표기되어 있습니다.

비유로 풀어보는 한자와 중국문화

네 글자

글 · 붓글씨 이웅희

Four-letter words

한자 '사자성어' vs 영어 'Four-letter word'
똑같이 네 글자이면서도 문화만큼 다른 의미
비뇨기과 의사가 즐겁게 풀어내는 그 차이와 의미

_ 머리글 _
네 남자

어른이 된 다음에 '발 치수'가 비스름한 네 남자가 한집에 살았다. 여자가 한 분 있었는데 우리 어머니다. 집안 분위기 별로 안 좋았다. 난 둘째니 서열상 세 번째 남자다.

 爹爹[diēdie] 아버지, 부친

 老大[lǎodà] 맏이, 첫째

 老二[lǎo'èr] 둘째

 老幺[lǎoyāo] 막내

三兄弟中我是老二.
3형제 중에서 내가 둘째다.

'일찍 일어난 새가 먹이를 먹는다'가 아니라, 전날 아버지가 닦아 온 구두를 내가 제일 먼저 신고 나가는 게 하루 일과의 시작이었다. 아마도 아버지는 바닥에 미끄럼 방지 기능이 있는 구두라고 네 켤레 사오신 걸 매일 닦으셨을 것으로 추정된다.

엄청난 파워와 건강을 자랑하시던 아버지가 연초에 겨울 추위를 피하러 외국에 가셨다가 유명(幽明)을 달리하셨다.

2016년 추석에 같이 골프 라운딩를 하면서 점점 좋아지는 부친의 체력에, 내기 골프에 그만 내가 기분 좋게 졌다. 골프 카트를 타지 않으실 정도로 걸음도 좋아지셨고, 거리와 정확성이 더 날카로우신데 놀랐다.
오며 가며 온종일 같이 웃고 떠들다 보니 2016년 가장 의미 있게 같이 읽었던 책, 아툴 가완디의 〈어떻게 죽을 것인가〉에 대해 오래 토론했다. 이럴 줄은 꿈에도 모르고.
아들이 외과 의사이고 글 속의 부친이 인도계 미국 비뇨기과 의사인 점도 아버지와의 대화가 끊길 수 없는 이유였다.

올 설에는 노년층의 후반기 인생에서 비뇨기과 진료 영역에 관해 이야기하기로 했는데 그만 가족 연말 송년회가 마지막 만남이 되고 말았다. 그날따라 잔을 기울이는 횟수가 적으셨고, 평소답지 않게 수정방(水井坊)을 바닥에 조금 남기셨다.

혼자 속도를 좀 내고 취기가 올라 약속드리길, "오십 되던 해 시작한 中國語, 시작한 김에 흥미로운 내용 모아 그동안 글 쓴 것, 강의한 것, 책 한 번 내겠습니다" 했는데 그게 이렇게 당겨질 줄은….

그래서 이 책이 부끄럽게도 속전속결로 정리가 되었다.

부친이 주신 교훈이라 생각하고 '버킷리스트(Bucket List, 遺愿清单)'를 생각하게 되었다.

사람이 세파에 시달리며 살다 보면 결단을 요하는 시한부라는 조건이 주어져야 허겁지겁 '리스트'를 들추어 본다. 하지만 바로 지금 이 순간 일상생활에서 가족과 친구와 이루어가는 '버킷리스트'를 만들어야 마땅하다.

"인생은 가까이서 보면 비극인 것 같아도
멀리서 보면 희극이다!"

이번에 '네 글자, Four-letter words'를 정리하면서 28년째 환자 진료에 바쁘다고 핑계를 대던 모습이 부끄러워졌다. 이제는 '네 글자'를 붓글씨로 쓰고, 그 속에 스며있는 역사적, 문학적 교훈과 말의 품위를 높여주는 뜻을 되새기면서, 오히려 그 의미를 가족, 친구들과 나눌 수 있게 되는 기쁨을 가지고자 한다.

이제 나의 '리스트'는 매일 품을 수 있는 소중한 생활 일부로 해보자!

아버지와 같이 한 책, 밥 미첼의 〈천국에서의 골프〉는 골프 하는 사람들이 보면 눈물이 난다.
하느님은 엘리엇에게 느닷없이 그의 목숨을 건 골프 시합을 제안한다. 하느님과 '맞짱'을 뜬다는 말도 안 되는 일에 대한 설렘으로 고작 18홀에 자신의 남은 인생을 걸다니….

레오나르도 다 빈치를 시작으로 피카소, 프로이트, 레넌, 먼로, 베토벤, 셰익스피어, 간디 등 비범한 인물들이 하나둘 하느님의 대타로 등장하기 시작하며 골프 게임을 하게 되는데….

골프 게임을 통해서 인생을 배운다.

아버지와의 마지막 라운딩에서 둘이서만 했던 '무덤까지 가지고 가자'시던 그 말씀과 함께 오늘도 천국에서 골프라운딩을 즐기실 아버지께 한마디 하고 싶다.

'아버지 멀리건(Mulligan)* 드리고 싶어요!'

---

* 골프에서 이미 친 샷이 좋지 않을 경우 이를 없었던 것으로 하고 새로 치는 행위.
골프규칙에는 없는 불명예스러운 행위로 티샷을 잘못했거나 OB가 났을 경우 벌타 없이 다시 한 번 볼을 친다. 아마추어들이 흔히 상대를 위해 배려하는 반복 샷으로 미국골프연맹 규칙에서는 이를 금지하고 있다.
멀리건이란 용어는 철학자 토머스 멀리건(1793~1879)의 이름에서 따온 것으로 그는 골프 룰을 엄격히 지켜야 한다는 원칙주의자였다. 부친도 그랬다.

_ 목차 _

머리글　　　　　　　　　　　　　　　　4

1장 _
네 글자

Four-letter words		12
四字成語	사자성어(Four-letter words)	18
糖果发音	사탕발음, 中國語	24
曹操就到	호랑이도 제 말하면 온다더니	31
신용카드	信用卡	37
깊은침묵	幽默(humor)	45
처음처럼	初饮初乐(Like a virgin)	51
百年孤獨	백년고독, 香港(Hong Kong)	59

2장 _
한국과 차이 나는 중국

포경수술	包皮手术	66
諧音雙關	해음쌍관, 中國文化	74
誇張廣告	과장법	82

言外之意	말 속에 숨은 뜻, 话里有话	89
개인문제	个人問題, 终身大事	95
총각김치	总角, 嫩萝卜泡菜	102
长腿欧巴	롱다리오빠, 韓流	108
同床異夢	性交時間, 早漏症, 早泄	115

3장 _ 버킷리스트

즐기는자	知之者, 不如好之者 好之者, 不如乐之者	124
趁热打铁	쇠뿔도 단김에 빼라	130
삶의의미	生意, 生业, 职业	136
见好就收	박수 칠 때 떠나라, 功成身退	143
幸福旅行	행복여행, 知足常樂	149
絜矩之道	혈구지도, 己所不欲 勿施於人	155
上善若水	상선약수, 難得糊塗	161
心不在焉	심부재언, 人莫不飮食也, 鮮能知味也	167
遺愿清单	버킷리스트(Bucket List)	173

| 后記(후기) - 第二毒箭, 凡事都取决于心态 | 178 |

1장

네 글자

Four-letter words

Four-letter word란 '네 글자'로 된 영어 단어로 모욕적인 뜻의 단어들을 말한다. 주로 저속한 욕, 배설, 남녀 성기, 성행위에 관한 단어들을 의미하거나 비유한 단어들을 말한다.

많은 욕설(swear words) 중에서 우연히 '네 글자'인 단어가 많아서 지칭하게 된 단어로 '욕'이라는 단어를 직접 지칭하지 않으면서 '욕설'이라는 의미를 뜻하게 되니 우회적인 표현으로 사용하는 단어이다. 우리가 대화에서 '쌍욕'을 '육두문자'(肉頭文字), '십장생'(육두문자 중 차마 입에 담지 못할 비슷한 발음의 것을 순화시켜 쓰는 표현), '쌍시옷', '쌍지읒' 등으로 빗대어 쓰는 것과 비슷하다. [욕; 脏话(zānghuà) 추잡한, 상스러운 말, 욕]

사전에는 흔히 'fuck, cunt, jism, gism, jizz, shit, tits, piss' 등이 예시되어 있는데 이들이 대부분 '성교, 배설, 성기'와 연관된 단어들이다 보니 나의 전공과 무관치 않은 단어들이다.

종교적인 단어들, 예로 '지옥'에 대한 단어나 인종에 대한 모욕적 단어도 우연히 4글자인 단어가 많아서 입에 오르내리는데 여러 가지 의미로 사용되는 단어들이 사용되기도 한다. (damn, crap, hell, piss, wang, cock, dick, knob, muff, puss)

때로는 'four-letter word'란 4글자로 된 영어 단어로 유머러스한 표현이 되기도 하는데 'work'라는 단어가 즐겁지 않은 일을 빗댄 단어로 사용된다든지, 'golf'라는 단어가 '해도 해도 실망스럽다는 의미'로, 인생의 좌절을 맛보게 하는 운동이나 경험을 표현하는 수단으로 사용되는 예이다.

1993년 저널리스트 Doug Robarchek는 "그동안 얼마나 많은 four-letter word 정치가(Ford, Dole, Duke, Bush, Gore…)들이 우리로 하여금 얼마나 많은 four-letter words를 생각나게 하였습니까?"라고 일갈한 바 있다.

'LOVE', 사랑도 'Four-Letter Word'로 노래한 시인이 있다.

Love Is Just A Four-Letter Word
: 사랑은 네 글자일 뿐이라는 말을…

− BOB DYLAN −

Seems like only yesterday
I left my mind behind

Down in the Gypsy Cafe
With a friend of a friend of mine
She sat with a baby heavy on her knee
Yet spoke of life most free from slavery
With eyes that showed no trace of misery
A phrase in connection first with she I heard
That love is just a four-letter word

Outside a rambling store-front window
Cats meowed to the break of day
Me, I kept my mouth shut, too
To you I had no words to say
My experience was limited and underfed
You were talking while I hid
To the one who was the father of your kid
You probably didn't think I did, but I heard
You say that love is just a four-letter word

I said goodbye unnoticed
Pushed towards things in my own games
Drifting in and out of lifetimes
Unmentionable by name
Searching for my double, looking for
Complete evaporation to the core
Though I tried and failed at finding any door
I must have thought that there was nothing more
Absurd than that love is just a four-letter word

Though I never knew just what you meant
When you were speaking to your man
I can only think in terms of me
And now I understand
After waking enough times to think I see
The Holy Kiss that's supposed to last eternity
Blow up in smoke, its destiny
Falls on strangers, travels free
Yes, I know now, traps are only set by me
And I do not really need to be
Assured that love is just a four-letter word

◇ 나는 '비뇨기과(泌尿器科)' 의사다

 의사를 직업으로 주로 환자진료를 업으로 하는 임상의사가 '네 글자로 된 단어' 운운하며 욕설을 인용해 가며 펜을 든 사연은 이런저런 것들이 있지만 차차 이야기하기로 하자.

 우연히 한국어 글쓰기 대회에서 우승한 외국인의 인터뷰를 보고 느낀 바가 있었다. 그녀는 한국에 유학 와서 대학원 다니는 여학생이었다. 그녀는 말했다.

 "한국어에 익숙해졌다고 느꼈을 때 어떤 벽이 있음을 느꼈는데, 한자 공부를 해보니 그동안의 벽을 다 허물 수 있었어요. 단어의 의미도 이제 상당 부분 이해할 수 있게 되었습니다."

우리 아이들은 영어단어는 감각적으로 이해할 만큼 조기교육을 하고 있고, 우리처럼 영어 듣기에 어려움을 겪지도 않는 세대이다. 그런데 대화를 하다가 어떤 단어의 뜻을 물어올 때 당황스럽다.

한국어를 공부했다는 글쓰기 대회에서 우승한 여학생이 새삼 떠오른다. 그리고 부끄럽다. 우리 아이들은 자기들이 쓰는 어설픈 줄임말의 뜻을 모르면 '소통되지 않는 아저씨쯤'으로 몰아세운다. 우리말을 더 넓고 깊이 이해하고 구사하는데 현재의 국어교육방법으로는 모자란다고 생각된다.

여기에 한자문화권의 동양에서 '네 글자'가 역사적, 문학적 뿌리를 가진 교훈과 비유적 표현으로 언어의 품위를 높이는 큰 역할을 하고 있음을 생각하여, 아이들과도 재미삼아, 서양의 영어권에서는 Four-letter word란 '네 글자'의 저속하고 모욕적인 뜻에 대비된 '네 글자' 놀음을 하고 싶었을 뿐이다.

그리고 50 넘어 배우기 시작한 '중국어 발음'도 곁들여서, 전공이 four-letter word인 '비뇨기과' 의사이면서 세부전공은 '남성과학'을 해왔으니 어디 한번 '전공서적'을 쓰는 기분으로 써보기로 했다.

— 在世上, 使我最开心的四个字。 —
세상에서 나를 가장 기쁘게 하는 네 글자.

独一无二

独一无二 [dúyīwú'èr]

유일하다. 무쌍(無雙)하다. 하나밖에 없다. 견줄 것이 없다.
한국에서는 주로 唯一無二 (유일무이)로 표현한다.

四字成語 _ 사자성어(Four-letter word)

成语故事
成语[chéngyǔ] 성어, 관용어
故事[gùshì]   과거지사, 지나간 일

한자성어(漢字成語) 혹은 고사성어(故事成語)는 비유적인 내용을 담은 함축된 글자로 상황, 감정, 사람의 심리 등을 묘사한 관용구이다. 간단히 성어(成語)라고도 한다. 주로 '네 글자'로 된 것이 많아서 사자성어(四字成語)라고도 한다.

성어(成語)는 대부분 주로 중국의 고사에서 유래한다. 중국어에

만 약 5,000개의 성어가 있으며, 일부 사전은 20,000개 이상의 성어를 나열한다. 고사성어는 옛이야기에서 유래되어 생긴 말로 비유적인 내용을 함축하고 있다. 옛이야기는 신화·전설·역사·고전·문학작품 등이 포함되며, 교훈·경구·비유·상징어 및 관용구나 속담 등으로 사용되어 일상 언어생활에서의 표현을 풍부하게 해줄 수 있다.

억지 비유일 수도 있겠지만 영어권에서는 Four-letter word란 네 글자로 된 영어 단어로 주로 저속한 욕, 배설, 남녀 성기, 성행위에 관한 단어들을 의미하거나 비유한 것이다. 많은 욕설 중에서 우연히 네 글자가 많아서 지칭하게 된 단어로 '욕'이라는 단어를 직접 지칭하지 않으면서 '욕설'이라는 의미를 뜻하게 되었다.

동양에서는 넉 자의 글자가 역사적, 문학적 뿌리를 가진 교훈과 비유적 표현으로 언어의 품위를 높이는 역할을 하는 반면, 서양의 영어권에서는 Four-letter word란 '네 글자'가 저속하고 모욕적인 뜻의 단어들을 말하는 것이 흥미롭다. 동양에서 비뇨기과(泌尿器科)는 품위를 높이는 '네 글자'이고, 서양에서 비뇨기과(Urology)는 럭키세븐, '일곱 글자'이다.

50 넘어 중국어를 배우기 시작한 지 1년쯤 되었을 때, 우연히 저

녁 만찬 모임에서 멋진 이탈리아 여성과 조우(遭遇)하게 되었다. 30대 중반의 아름답고 세련된 '라파엘라'는 중국 상하이에서 대학을 졸업하고, 이탈리아 명품 의류회사의 중국 지사에서 근무 중 한국 사업 파트너와의 업무차 한국을 방문했다. 중국에서 경영학 학사를 하였으니 중국어는 유창하였고, 유럽 3개 국어를 구사하는 그녀의 말솜씨에 탄복하면서 나로서는 어설픈 중국어를 써먹을 기회를 잡았다 싶어 바싹 다가앉았다.

처음에는 'Mangiare, Cantare, Amore(만지아레! 칸타레! 아모레!; 먹고, 노래하고, 사랑하자)' 이탈리아어 건배를 외치다가 전공의 시절 방문했던 밀라노 의과대학 성기능학회 이야기로 화제를 삼기도 하고, 라틴어의 의학용어 어원을 '썰'을 풀어가며 중국어 이야기로 발전시키다가 재미있는 이야기를 듣게 되었다.

이탈리아어로 '건강'과 '건배'가 salute(살루떼)인데, 잔을 부딪치는 의성어 cin cin(친친)은 친구끼리의 건배로, 아주 가까운 사이끼리는 인사와 함께 ciao(차오)라는 구호도 한다고 한다. 그런데 중국어로 '차오'라는 단어는 초보 중국어 학생들도 다 아는 중국어 최고의 욕(操, 肏; 차오)이라 이탈리아 여성 라파엘라의 중국생활 중 난감했음을 공감하면서 뒤로 넘어지며 웃었다.

操你妈[càonǐmā]; 차오니마, fuck your mother!

우리는 몹시 우스워서 몸을 못 가눈다고 '뒤집어진다'고 표현하여 抱腹絕倒(포복절도)라고 하지만, 중국어로는 捧腹大笑 [pěngfùdàxiào] 그냥 '배를 잡고 크게 웃는다'고 하니 우리네 과장법이 좀 앞설 때도 있다.

감정표현을 할 때 '~해서 죽겠다'의 표현은 '구어체'로 우리와 거의 같은 방식으로 흔히 입에 달고 사용한다.

배고파 죽겠다(饿死了; 으어스러), 화나서 죽겠다(气死我了; 치스워러), 웃겨 죽겠다(笑死了; 샤오스러).

동양에서는 '네 글자'가 역사적, 문학적 뿌리를 가진 교훈과 비유적 표현으로 언어의 품위를 높이는 사자성어로 역할을 하는 반면,

서양의 영어권에서는 Four-letter word란 네 글자가 저속하고 모욕적인 뜻의 단어임도 재미있고, 게다가 어떤 같은 발음의 단어인 동서양의 언어가 '인사'와 '욕'으로 갈리는 게 신기하다.

구호 활동가 '한비야' 씨의 이름 '비야'가 세계 곳곳에서 다 의미가 다르게 축복받은 의미로 감동을 주었듯, 여러 나라말을 구사하면 할수록 건배하고 인사하면서, 신나게 욕을 하는 셈이니 우습지 아니한가?

아니면 아는 게 병인지도 모를 일이다.

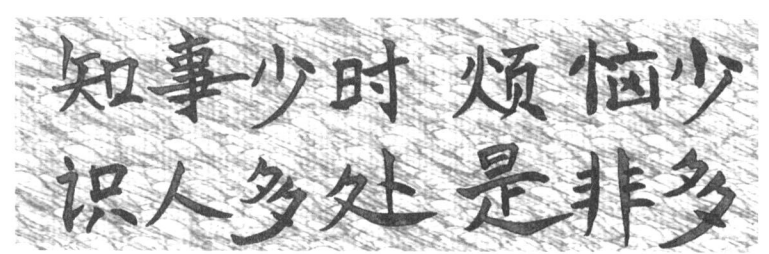

知事少时烦恼少, 识人多处是非多
: 적게 알수록 번뇌는 적어지고, 많이 알수록 다툼이 많아진다.

- 在世上, 使我最开心的四个字。-
세상에서 나를 가장 기쁘게 하는 네 글자.

一见钟情

一见钟情 [yíjiànzhōngqíng]

첫눈에 (한눈에) 반하다.

糖果发音 _ 사탕발음, 中國語

糖果发音[tángguǒ fāyīn]
糖果[tángguǒ] 사탕, 发音[fāyīn] 발음

우리가 중국인들은 시끄럽다고 하면서 흔히 '쏼라 쏼라' 한다고 말한다. 그런데 '셈 산(算)' 글자가 '됐어, 충분해.'의 뜻으로, 算了算了 [suànle, suànle] '쑤안러, 쑤안러'라는 말뜻은 그만, 그만, 됐다는 뜻으로 흔히 쓰는 말이다.

동네마다 다 있는 '중국집'에 갈 때도, 흔히 비하하는 말투로 '짱깨'집에 가자고들 말하는 경우가 있다. 여기서 掌柜[zhǎngguì; 짱꾸이] 는 '상점의 주인'의 의미이다. 즉 우리들은 이미 일상에서 중국어 발음을 많이 듣고 실생활에서 익숙하게 입에 올리며 살아왔다.

　50 넘어 중국어를 배운다고 하니 중국에서 사업하는 고등학교 동창이 한국말과 중국말에 대한 특징을 대비하면서, 중국어 발음을 한마디로 사탕을 하나 물고 말하는 '사탕발음'이라고 해서 웃으며 공감한 적이 있다(糖果发音; 사탕발음은 실제 사용되는 단어가 절대 아님).

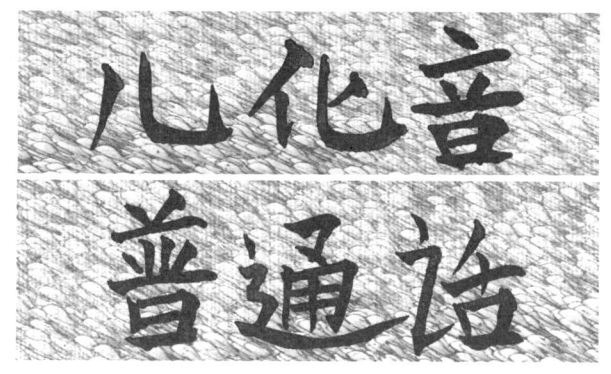

　'아이 아(兒)'의 간체자가 '儿'로 [er]로 발음되는데, 많은 중국어 단어에서 북경식 발음이 '어-r'로 변형되어 발음되므로 '얼화음(兒化音)'이 일반화된 것 같지만 실은 동북 표준어 '보통화(普通話)'의 발음은 심한 얼화음을 사용하지 않는다.

　◇ **중국어 발음의 가장 큰 특징: 입성운미(入聲韻尾)의 탈락**
　한국어와 중국어 발음에 대한 특징을 대비하면, 중국어발음 특

징 (1)은 코를 막고 발음해 보았을 때 울리는 비음운미(鼻音韻尾)인 n, ng 소리는 발음하지만, 울리지 않는 입성운미(入聲韻尾) -p, -t, -k와 -l 받침은 다 탈락하는 것이 중국어 발음의 가장 큰 특징이다. 쉽게 말하면 받침 다 날아가고 'ㄴ, ㅇ' 두 받침만 발음하고 '-m'은 '-n'으로 발음한다.

숫자 '일, 이, 삼, 사, 오, 육, 칠, 팔, 구, 십'은 '이, 어-r, 산, 스, 우, 리우, 치, 빠, 지우, 스'로 발음되니 받침 없어진 게 확실히 느껴진다.

'출발'은 出发[chūfā] '추파'이고, '발음'은 发音[fāyīn] '파인'으로 발음한다.

'38'이란 숫자는 화투에서 유래하여 우리나라에서는 기분 좋은

숫자인데, 중국어 '三八[sānbā]'은 '산빠'로 발음이 되는 일종의 '욕'이다. 장삼이사(張三李四)에서 보듯 '三'은 '많은 숫자'의 일반명사이고 '八'은 말하다는 뜻의 단어들과 발음이 유사하다. 즉, 많이 떠들어대는 부녀자(다른 사람의 일에 쓸데없이 간섭을 많이 하거나 말이 많은 여자)를 욕하는 말로 '팔푼이', '맹꽁이' 정도 되는 말이다.

◈ 중국어 발음의 둘째 특징: 자음(성모)들의 구개음화(口蓋音化)

중국어 발음 특징 (2)는 많은 자음(성모)들이 구개음화가 일어나 'ㄱ'이 'ㅈ, ㅊ' 등의 발음을 보이는 경우가 상당히 많다는 것이다. 그러니 '북경'이 '베이징'으로 발음된다. 아직도 Peking으로 발음되는 명칭이 남아 있는 것은 입성운미(入聲韻尾)를 발음하는 '광동식' 발음이 서양에 먼저 전해져 남아 있는 것이다. 한 가지 넘어야 하는 어려움이 '성조(声调 [shēngdiào])'인데 북경(北京 [Běijīng]베이징) 발음과 배후, 배경(背景 [bèijǐng]베이징) 발음이 성조만 차이 나고 같은 발음이다. 북경은 '징'이 높은 1성이고, 배경은 '징'이 낮은 3성이다. 처음에는 머리가 좀 아픈 부분이다.

'두통(头疼 [touténg]토우텅)!'

'가가호호'는 家家戶戶[jiājiāhùhù] '자자후후'이고 '참가'는 参加[cānjiā] '찬자'로 '한강'은 汉江[hànjiāng] '한쟝'으로 발음한다.

◎ 중국어 발음의 셋째 특징: 자음(성모)의 발음 변이(變異)

중국어발음 특징 (3)은 자음(성모) 중에 'h' 발음이 'x' 발음으로, 'm' 발음이 'w' 발음으로, 'b' 발음이 'm' 발음으로 되는 경우가 있다.

'춘하추동(春夏秋冬)'을 '춘시아치우똥'[chūnxiàqiūdōng]으로, '상하(上下)'를 '상시아'[shàngxià], '학생(学生)'을 '쉬에셩'[xuésheng]으로 발음한다.

'물을 문(问)'을 [wèn; 원], '들을 문(闻)'을 [wèn; 원], '맛 미(味)'를 [wèi; 웨이] 라고 발음한다.

'비밀(秘密)'을 [mìmì; 미미], '비뇨기과 (泌尿科)'를 [mìniàokē; 미냐오크어]로 발음한다.

이런 원칙으로 발음하다 보면 한국어와 중국어 발음의 연계성 때문에 재미도 있고 발음을 익히기도 쉬워질 수 있다.

최근 2년 연속 북경국제학회 때문에 다녀온 National Convention Center는 우리말로 '국가회의센터'인데 중국어로는 '国家会议中心;

구어자회이쭝신'[Guójiā huìyì zhōngxīn]으로 발음한다.

입성운미 발음 탈락으로 차이가 나는 단어발음 중 흔히 쓰는 '매우, 상당히'라는 뜻의 부사 '특별'은 중국어로 特别[tèbié; 트비에]라고 발음한다.

구개음화, 받침탈락 단어 중 발음이 우스운 대표적인 단어는 '가구'를 家具[jiājù; 자쥐]라고 발음하고, '잡지'를 杂志[zázhì; 자찌]라고 발음하여 듣는 이를 조마조마하게 한다.

'결혼'은 结婚[jiéhūn; 지에훈]이라 발음해서 '재혼'인가 고개를 갸웃하기도 하지만 '재혼'은 再婚[zàihūn; 짜이훈] 이다.

중국어 단어를 보면 구개음화가 일어났을 것으로 생각되어, '긴장'하게 되는 버릇이 생겼다.

'긴장'은 紧张[jǐnzhāng; 진짱]이다.

'화이팅'은 기름을 붓는다고 '가유(加油[jiāyóu; 짜요우])이다.

중국어 발음 잘하려면 입안에 사탕 하나 물고서 '진짱(紧张) 하지 말고 짜요우(加油)!'

- 在世上，使我最开心的四个字。-
세상에서 나를 가장 기쁘게 하는 네 글자.

丢三落四 [diūsānlàsì]

흐리멍덩하다. 이것저것 빠뜨리다.
건망증이 심하여 이 일 저 일 잘 잊어버리다.
또는 물건을 잘 잃어버리다.

曹操就到(조조취도) _ 조조가 나타났다

'说曹操, 曹操就到'(조조라고 말했더니, 조조가 나타났다; 슈어 차오차오, 차오차오지오따오); 호랑이도 제 말 하면 온다더니.

'조조(曹操)'는 '삼국지연의'에서 간신의 대명사로 찍혀 현재까지도 파렴치한 인물의 전형으로 각인된 인물이다. 오죽하면 성씨 조(曹) 글자까지 우리나라에서는 성씨 조(曺)로 바꾸어 다른 글자의 성이라고 말할 정도이다.

왕경국의 〈조조 같은 놈〉같이 새로운 조명을 해보는 책들에 의하면 난세를 이기는 조조의 생존법칙이 평가받아 적당히 비겁하면서 즐겁게 사는 법, 자존심을 감추고 성공을 추구하는 법, 체면을 버리고 사람을 모으는 법들이 조명되기도 한다. 인재에 대한 탁월한 안목을 지닌 지도자의 덕목은 새로운 조명의 핵심이다.

현재 조조에 대한 시각은 양극화되어 한편은 조조에 대해 중국 역사를 통틀어 몇 안 되는 뛰어난 영웅이라는 시각과 한편은 '삼국지연의'의 묘사처럼 조조는 간웅이자 악인이라는 것이다. 전통적으로 삼국지에서 유비라는 선과 조조라는 악이 대비되었기 때문일 것이다.
전해지는 조조(曹操)의 단행가(短行歌; 짧은 노래를 읊노라)는 적벽대전 전후에 지어졌다고 하는데 술 한잔을 앞에 두고 멋지게 노래한다.

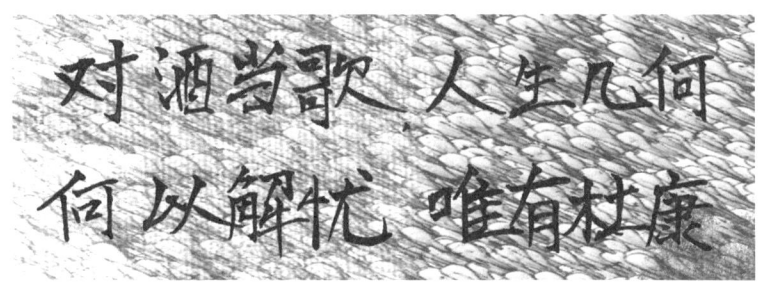

對酒當歌 人生幾何?
; 술을 들면서 노래 부른다. 인생을 살면 얼마나 사는가?

何以解憂? 唯有杜康
: 어떻게 근심을 풀까? 오직 두강주뿐일세.

익숙한 단어들로 기억했다가 중국 허난성(河南省)을 여행할 때 한두 마디 흉내를 내보기도 했는데 '두강주(杜康酒)'는 아직도 중국에서 두 회사가 싸움이 붙어서, 지역별로 서로 두강주가 자기 고장의 전통 백주라고 다투는 일이 있을 정도의 명주이다.

조조에 대한 평이나 그의 시에 대한 이야기는 그만하고 다시 그의 이름으로 화제를 돌려보자. 조조(曹操; 차오차오)는 성조는 2성, 1성으로 다르지만 중국 최고의 욕(操, 肏; 차오, 4성)과 발음이 같은 글자가 두 번이나 반복된다는 사실이다.

조조의 이름은 부드럽게 끝을 올려 발음하고, 욕으로 쓸 때는 강하게 끝을 내려 읽는다지만 신경이 쓰이지 않을 수 없다.

우리나라에서도 '쌍시옷 욕'들을 다 발음하기 무엇하여 '씨' 정도로 발음하듯 중국어에서도 일상 대화에서 차오 대신 擦(차; 비비다, 마찰하다) 정도로 발음하고 발음을 피하는 글자인데 조조는 그 발음을 '연이어서 두 번'을 해야 하고 더구나 '호랑이도 제 말 하면 나타난다'는 성어에서는 그 '조조'를 두 번씩이나 발음하게 된다.

◈ 소심(小心; 샤오신)과 조심(操心; 차오신)

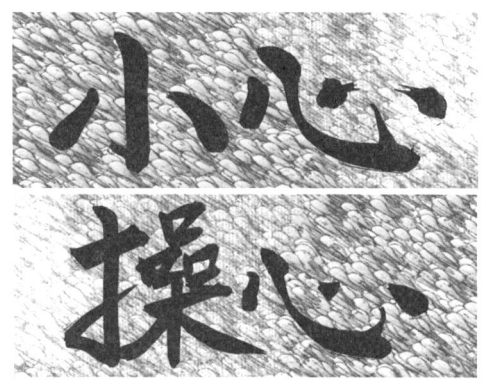

중국어로 '조심하세요'를 小心(샤오신)이라고 한다.

한국어의 '조심'은 중국어로 '操心(차오신)'으로 발음하고, 걱정하다, 근심하다, 속을 썩이다 등의 의미로 쓰인다.

'욕으로 안 들리게 발음하려니' 얼마나 걱정이 되겠는가. 근심하고 속도 좀 썩을 만하다. 가만 보면 중국인들 무척 소심(小心; 샤오신)한 듯하다.

호텔복도 황색 경고판 '미끄럼 조심'

: 小心滑倒[xiǎoxīn huá dǎo; 샤오신화다오], Slippery-Watch

Your Step!

안내방송 '주의해주세요!'
: 请注意[qǐng zhù yì; 칭쭈이], May I have your attention please?

- 在世上，使我最开心的四个字。-
세상에서 나를 가장 기쁘게 하는 네 글자.

不见不散

不见不散 [bújiànbúsàn]

약속한 장소에서 서로 만날 때까지 떠나지 않는다.
만날 때까지 기다리다. '꼭 만나자'는 의미.

술자리에서 '不醉不散[búzuibúsàn]'하면 '취하기 전엔 못헤어진다!' 건배사.

신용카드 _ 信用卡

信用卡[xìnyòngkǎ; 신용카]

중국어를 처음 배우면서, 과거에 한자 붓글씨를 써왔던 터라 별로 글자 익히기가 어렵지는 않겠지 자만하다가 큰코다쳤다. 간체자(简体字)를 익혀보니 이건 한자가 아니고 새로운 문자를 창조한 수준이어서 도전의식도 생기고 흥미진진하다.

강희자전(康熙字典)에 없던 필요한 새 글자를 창조하고자, 없던 한자를 만들어낸 글자들을 하나둘 써보니 간자체를 만들어낸 아이디어가 기발하다.

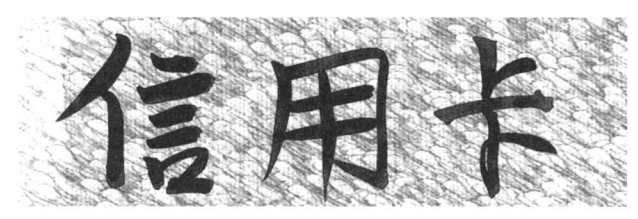

信用卡[xìnyòngkǎ; 신용카] 카(卡)라는 글자는 카드나 트럭 표

시는 '카'로 읽고 클립(clip)을 의미할 때는 '치아'로 읽는 글자인데 신용카드가 과거에는 없었으니 '윗면 아랫면, 상-하'가 같은 새로 발행한(?) 글자이다. 信用卡 [xìnyòngkǎ; 신용카]

乒乓球[pīngpāngqiú; 핑팡치오] 兵[bīng] '병사 병' 글자는 '빙'으로 발음하는데 이 글자로 중국의 국가 구기 종목인 탁구 '핑퐁' 글자를 새로 만들었다. 받침 획을 좌측에서 우측으로 하나씩만 붙여 '乒乓球[pīngpāngqiú] 핑팡치오'(핑퐁구; 모든 구기 종목엔 '공 구'를 붙인다)를 만들어 내었다.

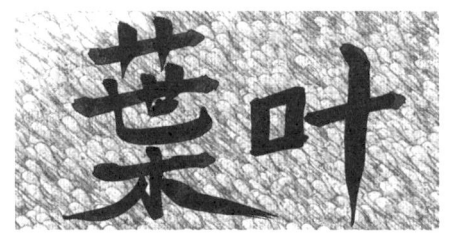

叶[yè; 예] 葉 '잎사귀 엽'도 초급 한자에 속하는 글자이지만 만

들어낸 간체자(叶[yè]; 예)를 쳐다보고 있으면 '나뭇가지에 마지막 잎이 하나 붙어 있는 그림'을 연상하게 하는 운치 있는 글자를 만들어 내었다.

书[shū]는 '책 서(書)'의 초서체 글자에서 유래하는데, 책을 쌓아 묶어놓은 형상이 재미있다. 간체자의 상당 부분이 초서체(草書體)를 바탕으로 만들어졌다. 한국 장기의 초(楚)나라 청색 장기알의 글씨체를 생각하면 되겠다. 한(漢)나라 붉은색 장기알의 글씨체는 해서체(楷書體)이다.

간체자를 익히다 보면 그래도 우리가 아는 번체자(繁体字) 글자가 배는 많다. 한자에 익숙한 한국인에게는 일부 어려운 발음을 제외하면 쓰여있는 중국어를 이해하는데 이해가 빠르다.

TV 방송도 모두 보통화(普通话, 표준 중국어, mandarin) 자막이 제공되기 때문에 중국어 발음이 들리지는 않아도 흘러가는 자막을 이해하면 뉴스를 포함해 웬만한 프로그램은 어느 정도 이해가 가능하다.

여기서 가장 큰 장애로 등장하는 것이 인명, 국가명, 외래어 등을 중국화한 단어들의 장벽이다. 우리는 간편한 외래어를 보편적으로 그대로 사용하지만, 중국에서는 중국화한 단어만을 사용한다. 일부 전자제품 등의 모델 등을 제외하고는 알파벳을 찾아볼 수가 없다. 이는 중국인들이 자신의 언어에 자부심을 가지고 중국화했다는 긍정적인 측면과, 개혁개방과 함께 밀물처럼 쏟아져 들어오는 외래어가 국민의 입장에서는 자칫 뜻이 왜곡되어 사용될 수 있다는 부정적인 측면도 가질 수 있다.

외래어를 중국화한 원리는 音譯型(음역형; 원래의 발음을 이용하여 번역), 意譯型(의역형; 원래의 뜻을 이용하여 번역), 混合型(혼합형; 두 개의 다른 뜻을 가진 단어가 조합하여 하나의 단어가 되는데 하나는 음역 하나는 의역), 復合型(복합형; 음과 뜻이 같이 존재) 등 네 가지로 볼 수 있다.

뉴스에 등장하는 외국 대통령 이름이나 국가명은 대부분 음역형이며, 의역형은 이해가 어렵다고 해도, 氷淇淋(ice cream)과 같은 혼합형은 '얼음'은 의역, '크림'은 음역이 혼합되어 복잡하다.

음역, 의역을 보면서 외국 기업이 중국에 진출할 때면 항상 처음에 '브랜딩' 때문에 골치 아픈 이유가 납득이 간다. 음역과 의역을 같이 하여 멋진 조화를 이룬 경우는 책을 덮고, 눈을 감고도 감동이 전해지는 경우가 꽤 있다. 가장 많이 알려진 코카콜라는 可口可乐

(크어코우크르어)로 '입맛이 좋아서 즐겁다'는 뜻을 담고 있다. 펩시콜라는 百事可乐(바이스크르어)로 '백 가지 일이 다 즐겁다'는 뜻이다.

패스트푸드나 메뉴도 대부분 음역을 하여 알려진 대로 맥도날드(麦当劳; 마이당라오), 켄터키 치킨(肯德基; 컨더지)으로 부르는데 핫도그(热狗; 러꺼우)는 의역으로, 햄버거(汉堡包; 한바오바오)는

음역을 하였다.

한국 대형할인점 '이마트' 역시 중국에 진출하면서 잘 지은 이름의 선례를 남겼다.

易买得(이마이더)는 '쉽게 살 수 있는'이란 의미를 지닌다. 외국 마트로는 까르푸(家乐福; 자르어푸)가 히트작 중 하나이다. '내 집에

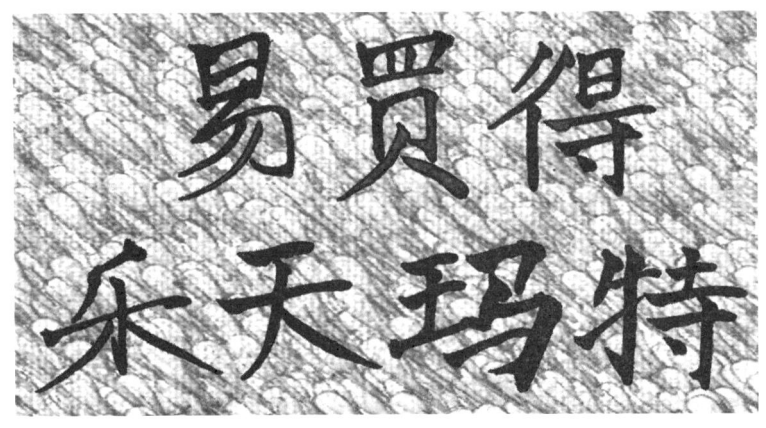

즐거움과 복을 가져다 주는' 쇼핑센터로 이름 지어 복(福)을 좋아하는 중국인에게 어필했다. 쿠쿠 전기밥솥은 '복이 담긴 곳간'이란 뜻의 '푸쿠(福庫)'라는 중국식 작명으로 음역 의역을 하였고, 한식 브랜드인 비비고는 '비핀거(必品阁)'로 작명하여 '반드시 맛봐야 하는 식당'으로 표현하게 되었다.

중국에서 사드로 고생한 롯데마트는 '낙천적 마트'의 의미, '乐天马特[lètiānmǎtè] 롯데마트'로 지역별로 파고들었는데 정치적인 이유로 곤욕을 치렀다.

감동을 주는 이름으로 중국 현지에 적응한 것은 비뇨기과 약물 이름도 해당된다.

20년 전에 발기부전(勃起功能障碍) 치료제로 소개되어 이제는 일반명사처럼 대중에게 알려진 비아그라(viagra; 西地那非片)도 중국화 과정을 거쳤다. 가장 일반적으로 학회에서 사용되는 万艾可 [wànàikě; 와나이크어]는 '많은 노인들을 가능하게' 정도의 의미지만, 비아그라 만큼은 지역별 별칭이 재미있다. 중국에서는 '威而坚 : 위엄있고 굳건한', 홍콩에서는 '伟哥; 위대한 형님'으로 통한다. 대만에서는 '威而刚; 위엄있고 강한'의 뜻으로 불린다.

3년 후에 소개된 긴 약효의 시알리스(cialis; 他达拉非片)는 영어 발음에 더욱 가까워졌다. 希爱力 [xīàilì; 씨아이리]는 '사랑의 능력에 희망을 가지다'의 의미로 '강하고 위대한' 비아그라보다 '사랑의 힘'을 언급해 가슴에 와닿는다. 지역에 따라 西力士 [xīlìshì; 씨리스]로 서양의 역사, 장사(壯士)로 부르기도 한다.

— 在世上，使我最开心的四个字。—
세상에서 나를 가장 기쁘게 하는 네 글자.

五音不全

五音不全 [wǔyīnbùquán]

발음이 똑똑치 않다. 음치입니다.
오음 [宮(궁)·商(상)·角(각)·徵(치)·羽(우)]이 온전치 않음.

깊은 침묵 _ 幽默(humor)

중국화 된 외래어 등의 부정적인 측면을 감안하더라도 음역과 의역을 같이 한 멋진 명칭의 느낌은 여운(餘韻, 余韻)이 크다. 중국에서 한중 수교 이전 서울 (Seoul)을 한청(汉城; 한성)이라고 호칭하던 것을 수교 후 한국에서 제안하여 '서울'의 중국어 이름을 首尔(쇼우얼)로 바꾸게 되었다.

대표적인 외제 차 이름은 중국 고사성어에서 따온 품위있는 복합형 원리로 만들어졌는데, 'BMW'는 香车宝马[xiāngchēbǎomǎ; 샹츠

바오마](화려한 수레와 훌륭한 말. 매우 훌륭한 거마(車馬))에서 인용하여 宝马[bǎomǎ; 바오마: BM]로 불린다. 인터넷상 중국인들의 인터뷰에서 외제 차 선호도를 보면 자동차 구매욕 1위로 宝马(바오마)가 거론되는 것에 그 명칭의 '브랜딩'이 한몫했다는 여론이다.

'메르세데스-벤츠(Mercedes-Benz), 梅赛德斯-奔驰'라는 브랜드도 등록은 되었지만, '벤츠'는 骏马奔驰[jùnmǎbēnchí; 쥔마번츠](준마가 질주하다)에서 인용하여 奔驰(번츠)로 부르고, '아우디(AUDI)'는 奥迪[àodí]] '깊이 달려간다'라는 뜻이다.

'뚜레주르'는 프랑스어로 '매일매일'이란 뜻인데, 중국에서는 多乐之日(뚜어르즈르'라는 브랜드가 됐다. '많은 즐거움이 있는 날'이라는 의미를 담았다.

三星[sānxīng; 산싱]은 삼성전자 제품으로 잘 알려져 있는데 스마트폰(智能手机[zhīnéngshǒujī]) 브랜드 갤럭시는 '가이스(盖世)라는 이름으로 중국에 처음 등장했다가 가이스(該死)는 '죽어라'는 욕설과 비슷하게 들린다고 하여 2015년 새로 찾은 이름 '가이르어스(盖乐世)'로 개명하였다. 음역 의역하여 갤럭시(galaxy)와 발음이 비슷하고 '세상을 즐거움으로 덮어준다'는 의미가 깊게 와 닿는다.

갤럭시 시리즈! '祝你好运(Good Luck!)' 행운을 빈다!

처음 중국어를 시작할 때 开心[kāixīn] '열린 마음: 즐겁다'라는 단어에 뭉클한 적이 있다. 번체자의 '열 개(開)' 글자의 '문 문(門)' 뚜껑 벗음을 시원하게 느낀 것도 있지만 이제부터 중국어에 내 마음을 '열어보자'고 다짐하며 첫걸음을 내딛겠다는 의미가 크게 느껴졌다.

그다음에 감격한 단어가 '깊은 침묵' 幽默[yōumò; 요우모어]이다. 사실 중국어로 '유머'라면 오리지날로 '风趣[fēngqù] 유머, 익살, 해학'라는 단어가 있다. 그런데 그 音譯型(음역형; 원래 발음을 이용하여 번역)으로 '幽默故事[yōumògùshi]'로 만들어진 단어인데 책을 덮고 생각해 보니 유머라는 의미를 '깊은 침묵'으로 표현하는 것이 나를 침묵하게 만들었다. '시시덕거리고', '낄낄대고 왁자지껄하고' 이런 게 유머라고 생각했던 맘속에 갑자기 '꽝' 하고 충격을 주는 단어였다.

유머(幽默)가 '깊은 침묵'이라… 살짝 기가 죽었다. 뭐하다 들킨 사람처럼.

물건을 산다는 뜻의 '쇼핑'은 중국어로 물건을 구매한다고 하여 购物[gòuwù; 고우우]라는 단어가 있는데, 예를 들면 购物中心[gòuwùzhōngxīn] 하면 쇼핑센터 혹은 쇼핑몰이다. 그런데 요즘은 영어 'shopping'을 음역한 단어 血拼[xuèpīn; 쉬에핀]을 사용한다. 그 뜻이 '피 같은 돈을 치열하게 다툰다'는 뜻이니 의역으로도 손색이 없다.

자 그럼 'party 파티'는 중국어로 무엇일까? '聚会[jùhuì] 쥐회이', '宴会[yànhuì] 앤회이' 모두 파티, 연회 등의 뜻이다. 그런데 최근에는 중국에서도 '派对[pàiduì] 파이두에이' 파티(party)를 일반화 하나 보다. 사전에서 '生日派对 생일파티' 단어가 검색될 정도이다.

골프(golf)는 중국에서 어떻게 녹여내었을까?

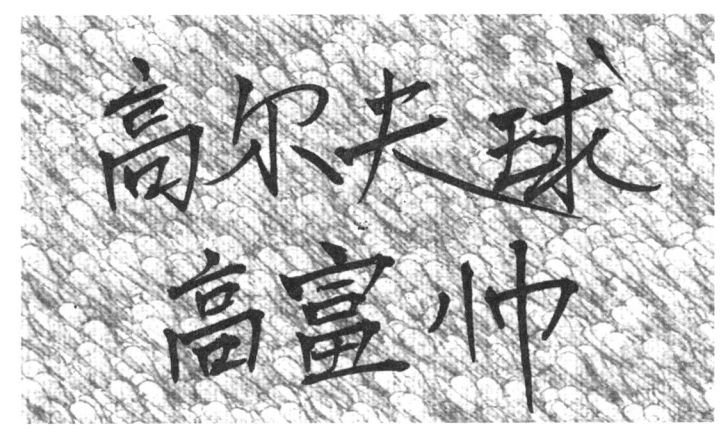

'高尔夫球[gāo'ěrfūqiú] 가오얼푸치오'의 고유명사를 만들어 내었다. 테니스(tennis)는 그물망(網)에서 유래하여 '网球[wǎngqiú] 왕치오'로 부른다.

高富帅[gāofùshuài]라는 신조어가 '키가 크고 돈 많고 잘생긴 남자(킹카)라는 뜻이 되고 보니 '골프'와 '킹카'가 어감이 교차하는 느낌이다.

외래어의 순수음역으로 일반적인 법칙은 흔히 사용하는 글자들로 영어표기를 하는 것이다. 예를 들면 'S'는 斯 [sī; 스]글자를 이용하고 'T'는 特 [tè; 트]글자를 사용하는 방법이 많이 사용된다.

스필버그 감독의 음역은 斯皮尔伯格 [Sīpí'ěrbógé](스피얼보그어) 트럼프 대통령은 特朗普 [tèlǎngpǔ](트랑푸)로 불린다.

해리포터(Harry Potter) 시리즈 주인공 이름은 哈利波特 [hālibōtè] (하리보트어)이다.

- 在世上，使我最开心的四个字。-

세상에서 나를 가장 기쁘게 하는 네 글자.

举一反三 [jǔyīfǎnsān]

사각형을 가르칠 때, 먼저 한 변을 가르쳐 주고 나머지 세 변을 유추하여 알도록 하며, 만약 유추하여 알지 못한다면 그만 가르치다. [성어,비유] 하나를 들으면 열을 안다.

처음처럼 _ 初饮初乐(Like a virgin)

初饮初乐[chūyǐnchūlè; 추인추르어] 한국 소주 '처음처럼'

중국화 된 언어의 음역과 의역을 같이 한 멋진 명칭에 대한 기대는 앞으로도 무궁무진할 듯한데, '술'에 대해서도 전통주와 양주를 아울러 흥미를 끌기에 충분하다.

술집은 酒家[jiǔjiā; 지오쟈]인데, 서양식 술집, 바(Bar)는 酒吧

[jiǔbā; 지오바]로 의역 음역한다.

안주를 곁들여 술을 마시는 동사와 술맛을 돋우는 형용사를 下酒[xiàjiǔ; 시아지오]라고 하는데, 음식(dish)을 菜[cài; 차이]라고 하므로 술안주는 下酒菜[xiàjiǔcài; 시아지오차이]라고 한다. 쉽게 '술 아래 놓인 음식'으로 유추하면 되겠다. 주량은 같은 발음으로 '酒量[jiǔliàng; 지오리앙]'이라고 한다.

맥주는 'beer' 음역의 啤酒[píjiǔ; 피지오]인데 한국의 '치맥(치킨과 맥주)'이 중국에 전해지면서 炸鸡和啤酒[zhájī hé píjiǔ; 자지 흐어 피지오]로 불린다. 炸鸡[zhájī; 자지]가 치킨, 和는 '-와'이므로 치킨과 맥주의 뜻이다.

이젠 한국식 '오리지날 후라이드치킨 原味炸鸡[yuánwèizhájī; 위안웨이자지]'과 '양념치킨 調味炸鸡[tiáowèizhájī; 티아오웨이자지]'도 일반화되어 메뉴로 잘 알려져 있다. 고로 중국에는 다양한 炸鸡[zhájī; 자지]가 난무한다.

청도(Tsingtao)맥주 青島啤酒[qīngdǎopíjiǔ; 칭다오피지오]에는 양꼬치구이 羊肉串儿[yángròuchuànr; 양로우촤-리]는 거꾸로 우

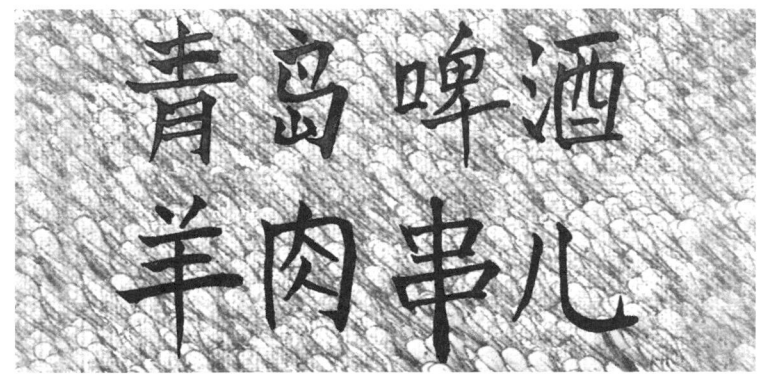

리가 수입하여 '양꼬치엔 칭다오'가 인기 메뉴가 되었다.

펄 벅의 〈북경에서 온 편지〉에서 '북경' 영어 표현은 'Peking'이다. 지금은 'Beijing'. 청도의 옛 영어 발음이 'Tsingtao'이고 지금은 'Qingdao'. 'Hongkong'은 지금 중국어로는 'Xianggang'으로 발음이 변한 이유는 청나라 시절 서구 열강에 의해 중국의 개항이 이루어지고 남쪽 광동식 표현으로 모든 지명이 초기에 서양에 알려졌기 때문이고, 지금의 철자는 중화인민공화국 설립 이후 현대 중국어 음절 구성 규칙에 따라 자음과 모음을 조합하여 성조를 붙여 한 음절을 구성하여 알파벳 표기를 한 병음(拼音)에 따른 것이다.

양주는 '보드카(vodka)'는 伏特加[fútèjiā; 푸트자], '코냑(cognac)'은 科涅克[kēnièkè; 크니에크어], '위스키(whiskey)'는 威士忌[wēishìjì; 웨이스지] 등은 전부 음역을 하여 원어 발음에 준한 단어를 사용한다.

'포도주(wine)'는 葡萄酒[pútáojiǔ; 푸타오지오] 혹은 '적포도주(red wine)'를 紅酒[hóngjiǔ]라고 하는데, '백포도주'는 [báipútáojiǔ; 바이푸타오지오]라고 한다.

재미있는 것은 서양 술을 전부 음역한데 반해 '칵테일(cocktail)'

은 鸡尾酒[jīwěijiǔ; 지웨이지오] '닭꼬리술'로 완전히 의역하여 사용하는 것이다.

중국인들의 술에 대한 이미지는 보통 중국 전통 증류주로 전분 혹은 당분을 갖는 곡물로 밑술을 빚거나 발효하여 이를 증류하여 얻은 백주를 의미한다. 곡물은 수수(高粱) 단독 혹은 이에 다른 곡물을 섞어서 만들며, 우리에게는 고량주(高粱酒[gāoliángjiǔ; 가오

량지오])로 알려져 우리도 흔히 접하는 술이 되었다.

한국의 소주(燒酒)는 희석식 소주로 중국인들에게는 도수가 아주 낮은 부드러운 백주 정도로 느껴지는 모양이다.

'한국소주 韩国烧酒[hánguóshāojiǔ; 한구어스샤오지오]'는 이제 중국에서도 쉽게 메뉴에서 찾아볼 수 있다. 한 병에 만원 정도 하는 데, 중국에서 만나니 반가움을 이루 말할 수 없었다.

특히 한국 소주 '처음처럼(初饮初乐[chūyǐnchūlè; 추인추르어])'은 '처음 마시는 첫 즐거움'을 선사하는 소주로 '음역 의역'되어 멋지게 소개되었다.

국내 우위의 '참이슬'은 하이트진로가 중국에서 '한주(韓酒)'바람을 일으켜 오랫동안 마케팅을 해온 덕분에 참이슬(眞露J[zhēn lù J; 쩐루 제이])로 '眞露'가 알려졌다.

여성 요실금 수술 시연 참여차 한국 방문이 잦았던 또래 미국 비뇨기과 의사에게 '참이슬(眞露)'을 'Real Dew'로 소개했더니 안부인사 때마다 'Real Dew' 노래를 부르는 것이 재미있었다. 다음 방문 때 불고기 소주 파티에서 '처음처럼(初饮初乐[chūyǐnchūlè])'을 'Like a virgin'이라고 알려줬더니 'Real Dew'는 잊고 이후 'Like a virgin'만 찾았는데 물론 불고기를 곁들였기에 그 맛을 최고로 기억했을 것 같다.

 중국 '레스토랑 餐厅[cāntīng; 찬팅]'에 가서 '처음처럼(初饮初乐 [chūyǐnchūlè; 추인추르어])'이나 참이슬(眞露J [zhēn lù J; 쩐루 제이]) 정도는 기억했다가, "소주 한 병 주세요!"(來一瓶燒酒; 라이이 핑샤오지오) 주문 하면서 우리 소주 이름을 한번 외쳐보면 술맛이 어찌 아니 좋을까!

- 在世上，使我最开心的四个字。-
세상에서 나를 가장 기쁘게 하는 네 글자.

乱七八糟

乱七八糟 [luànqībāzāo]

엉망진창이다. 뒤죽박죽이다. 아수라장이다.

百年孤獨 _ 백년고독, 香港(Hong Kong)

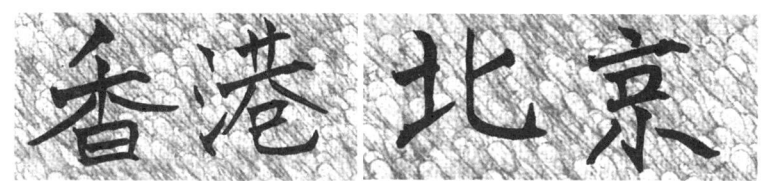

香港[Xiānggǎng; 샹강]은 우리 한자발음으로 '향항'이다. Hong Kong(홍콩)은 광둥어(粤语) 발음이고 광둥어를 통해 서양으로 먼저 지명이 알려져 북경(北京; 베이징)의 서양식 발음이 Peking이 되었듯 역사가 긴 이름이다. 중국어 발음은 香港이다.

고량주(高粱酒[gāoliángjiǔ; 가오량지오])

중국 술을 대표하는 두 가지 술인 쓰촨성(四川省), 싼씨성(山西省)에서 수수(高粱; 고량)를 주원료로 한 증류주인 백주(白酒; 바이지오)와 허난성(河南省), 저장성(浙江省) 일대에서 쌀 혹은 조를 주원료로 한 발효숙성주인 황주(黃酒; 황지오) 등으로 분류할 수 있다. 중국 술은 전통 증류주로 전분 혹은 당분을 갖는 곡물로 밑술을 빚거나 발효하여 이를 증류하여 얻은 백주를 의미하는 게 보통이다. 곡물은 수수(高粱) 단독 혹은 이에 다른 곡물을 섞어서 만들며, 우리에게는 고량주(高粱酒[gāoliángjiǔ; 가오량지오])로 흔히 알려져 있다.

백주(白酒; 바이지오)는 증류주인 관계로 무색투명하며, 술 단지에서 장기보관을 한다고 하더라도 착색이나 착향이 발생하지 않기 때문에 백주라는 이름을 갖게 되었다고 한다. 하지만 "李白一斗詩百篇(이백은 술 한 말에 백 편의 시를 짓는다!)"의 주인공이며, '동양의 주신(酒神)'이요, '시선(詩仙) 이백(李白)'을 존재하도록 한 중국의 술은 당연히 그의 이름을 따서 '백주(白酒; 바이지오)'가 되었다는 강력한 설도 있다. '월하독작(月下獨酌)'에서 달 아래 홀로 술을 마시던 그가 달과 자신과 그림자의 셋이 외롭지 않은 음주를 즐겼던 그를 떠올리면, 그의 이름을 딴 '백주(白酒; 바이지오)'를 믿고 싶어진다.

백주의 향은 장향형(醬香型), 청향형(淸香型), 농향형(濃香型), 미향형(米香型), 봉향형(鳳香型), 겸향형(兼香型) 등으로 나뉘는데 한국식 무향 소주에 익숙해 있다가 처음부터 깊은 향에 적응하기는 쉽지 않다.

◇ 白干儿(빼갈)이 백주(白酒; 바이지오)의 대명사인 이유

노백간형(老白干型)은 중국 북쪽의 일반적인 백주를 일컫는 말이다. 수수를 주원료로 하여 부곡(麩曲) 누룩과 효모를 당화발효제로 써서 발효한다.

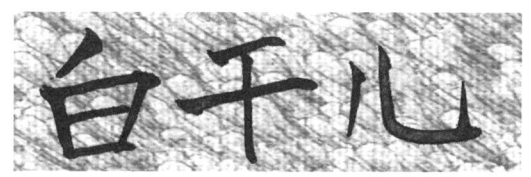

우리나라에는 처음 산둥성에서 건너온 중국인들이 처음 백주를 전할 때 술 이름을 白干儿[báigānr; 빠이가—리] 로 전하여 백주(白酒; 바이지오)의 고유명사를 白干儿(빼갈) 로 부르게 되었다. 백주(白酒; 바이지오)는 크게 높은 도수와 낮은 도수 두 가지로 나뉘는데, 높은 도수는 41도 이상, 더 높은 도수는 55도 이상이다.

백주와 함께 중국을 대표하는 황주(黃酒)는 기본적으로는 청주나 사케와 유사한 양조주의 주조방식이다. 하지만 발효된 술을 압착하여 밑술을 뽑을 때 불순물의 함량에 의해서 청주나 사케 같은 맑은 미황색이 아니라 다소 탁한 적황색에서 맑긴 하지만 황색이 강하게 나타난다. 황주는 쌀농사를 주로 하는 중국 허난지방에서 발달한 술로 알코올 함량은 14~20% 수준으로 일반적인 양조주와 같으며, 탁도가 다양하다. 다양한 종류에 알맞은 음주 방법이 있는데, 보통 중탕상태로 가열하여 50~60도 정도로 따뜻하게 마신다고 한다.

술은 인류 역사와 같이한다고들 한다. 술이 없는 잔칫상이 있을

리 만무하고, 기쁘거나 슬플 때 한잔하게 되는 것이 술이다.

1898년에 99년간 영국이 조차한 이후, 홍콩은 1997년 7월 1일 중국에 반환됐다. 홍콩은 특별행정구로서 향후 50년간 사회, 경제면에서 기존의 자본주의 체제를 유지한다는 일국양제가 적용된다. 홍콩을 중국에 100년 만에 되돌려 주면서 잘 알려지게 된 백년고독주(百年孤獨酒)는 의미도 있지만 '백년고독(百年孤独[bǎiniángūdú; 바이니엔구두])은 순하고 술 자체가 풍만하고 뒷맛이 깨끗하여 상큼하다'는 전문가들의 평과 함께 알코올농도 38%로 다른 중국 술보다 부드러운 느낌으로 인기를 누렸으나, 가소제 성분 문제로 판매 금지된 바 있다.

香港은 우리 한자발음으로 '향항'이다. Hong Kong(홍콩)은 광둥어(粤語) 발음이고 광둥어를 통해 서양으로 먼저 지명이 알려져 북경(北京; 베이징)의 서양식 발음이 Peking이 되었듯 역사가 긴 이름이다. 중국어 발음은 香港[Xiānggǎng; 샹강]이다.

얼마 전 진료실에서 홍콩 여행객과 중국어로 대화를 시도하다

보니 그쪽도 이쪽도 영어가 차라리 나아서 웃었다. 무심코 불러보는 홍콩(香港)은 청나라 시절 서구 열강에 의해 중국의 개항이 이루어져, 광동식 표현으로 지명이 불리면서 세계적인 항구 도시로 백년을 외롭게 지내온 지명이다.

1997년, 중국은 홍콩을 되찾았다. 덩샤오핑은 영국의 마거릿 대처 총리에게 홍콩반환을 설득하기 위해, 일국양제(一國兩制)를 약속했다. 하나의 국가 안에 자본주의 체제와 사회주의 체제, 두 가지 제도를 받아들인다는 표현의, 일국양제는 현재까지 홍콩의 통치원칙으로 작용하고 있다.

중국은 각 성과 도시별로 한 글자로 된 대표 글자를 가지는데 2014년 11월 후강퉁(上海 상하이; 滬, 香港 홍콩; 港 / 상하이 홍콩 간 교차거래)을 통해 상하이 증시가 외국인에게 개방된 제도를 沪港通[hùgǎngtōng; 후강퉁]이라 한다.

— 在世上，使我最开心的四个字。—
세상에서 나를 가장 기쁘게 하는 네 글자.

胡说八道

胡说八道 [húshuōbādào]

말도 안 되는 소리를 하다. 입에서 나오는 대로 지껄이다. 터무니없는 말을 하다. 허튼소리를 지껄이다.
오랑캐(胡)가 八道를 논하다니 말도 안된다는 의미로 오랑캐 비하 의미가 있다.

2장

한국과 차이 나는 중국

포경수술 _ 包皮手术

包皮手术[bāopíshǒushù; 바오피쇼수] 포피수술, 포경수술

포경수술을 중국어로는 포피수술(包皮手术[bāopíshǒushù; 바오피쇼수])라고 한다. 포피(包皮 [bāopí])는 덮인 피부이고, 포피로 덮여있는 상태를 포경(包茎)이라 하므로 포피수술과 포경수술은 동의어로 쓰인다.

'아픈 만큼 성숙해지고'라는 국내 가수의 노래가 있다. 사랑을 노래하지만 듣는 나는 '包皮手术'을 생각한다. 비뇨기과 의사회의 조사에서 99% 의사가 자신의 아들에게 포경수술을 받도록 했다는

조사가 있는데, 왜 아들을 아프게 했을까?

 남성의 성장 과정에서 '음경(阴茎[yīnjīng 인징])'의 귀두를 덮고 있는 포피(包皮)는 시간이 지나면서 포피의 내층과 귀두의 피부 각 층 표면세포가 떨어져 나오면서 분리되어 벗겨진다.

 개인차가 있어서 첫 성 경험을 할 때까지 완전히 벗겨지지 않으면, 갑자기 포피가 벗겨질 때의 자극과 조직 부종 때문에 성관계 후 '감돈포경(嵌頓包莖)'이라는 급성 통증과 부종으로 병원을 찾게 될 수 있다.

 대부분의 '포경수술 불용설(不用說)'은 젊었을 때 '위생적인 처치를 잘하는 상황'을 전제한다고 하는데, 사실은 세계적으로 남성 중 전체적으로 포경수술을 하는 경우가 소수이다 보니 불필요하다는 의견이 생길 수밖에 없다. 남자들의 '인생 후반기'가 바뀌기 전까지는 말이다.

인생의 전반기에는 포피가 덮고 있으면 손으로 벗기면 되고, 분비물이 있으면 씻으면 된다. 그런데 이게 '인생 후반기'에는 사정이 달라진다.

과거에는 후반부의 중년남성갱년기(中年男性更年期) 시절을 보내는 시기가 짧아 포피가 얇아진 상태에서 성기의 위축상태의 접촉면이 늘고 성적 활동이 증가되는 경험을 해본 적이 없다.

지금은 성관계도 중년 후에 증가하고 오히려 위생적인 세척 행위가 귀두점막과 포피 내부에 자극원(刺戟源)이 되어 피부염이 생기는 경우도 있다. 이제는 진료실에서 시행하는 '包皮手術'의 빈도가 청소년기 학생 대 65세 이후의 환자 수술 비율이 2 대 1 정도가 될 정도로 변화되었다. 진료실에서 일주일에 한두 번은 '지난주 격렬(激烈[jīliè; 지리에])한 관계 후' 포피 내부와 귀두 부위가 짓물러서 병원을 찾는 중년을 만난다.

중년 환자의 전립선, 성기능장애 외래 비중이 높아서 차이를 보일 수 있다고 하더라도 중년의 나이에 '包皮手術'을 결정하는 경우는 그 원인이 갱년기 이후의 피부 약화와 음경 위축이 동반된 접촉성 피부염, 그리고 다른 비뇨기과 수술과 동반수술이 대부분이다.

更年期障碍[gēngniánqīzhàng'ài; 긍니엔치장아이] 갱년기 장애

更年期綜合症[gēngniánqīzōnghézhèng; 껑니엔치종흐어정]
갱년기 증후군(syndrome)

이제 세계 최장수국가로 발돋움하는 한국의 상황에서 중년의 건강한 성생활은 비뇨기과 진료실에서 중요한 과제의 하나가 되고 있다. 세계보건기구(WHO)의 아프리카 대륙의 성병 관련 역학 조사에서 'AIDS 예방에서의 포경수술의 필요성'이 보고된 것을 굳이 국내에서 적용할 이유가 없는 것은 자명하다.

최장수국에서 건강한 성기능을 유지하는데 가장 필수적인 일은 노년이 되기 전에 귀두 포피의 상태를 건강하게 유지하고 남성갱년기에 대한 효과적인 예방 및 치료를 제공하는 것이다.

세계적으로 포경수술 시행 실태를 보면, 개인적 판단보다는 사회적 관습이나 종교적 문화적 영향에 따르는 경향이 크다. 하지만 이제 노년기까지의 음경포피의 장기적 관리를 생각한다면 포경수술은 청소년기에 추천되고 시행되어야 한다. 다만, 현재 남성 대부분이 포경수술을 시행하는 '미국'은 신생아 포경수술을 통한 수술의 위험성을 낮추기 위해 2차 성징이 나타나는 성장 후에 수술을 진행할 것을 권유하고 있다.

한국에 체류하는 중국인들과 진료실에서 포경수술을 상담하다 보니 중국 남성 대부분이 포경수술을 원하면서도 중국의 병원 접근성의 어려움 때문에 원하는 남성의 극히 일부만이 시행하고 있음을 알게 되었다.

어느 한국영화에서 한국인과 중국인 남성의 시신 감별 장면에서 '포경수술 여부'를 언급하는 장면을 본 적이 있다. 이제 인구사회학적 변화 속에, 단순한 고령화 사회의 문제가 아닌 건강한 남성의 노년 생활을 위해서도 '포피수술'이 계속 이슈가 되고 있다.

'包皮手术[bāopíshǒushù; 바오피쇼수]'는 순우리말로 '우멍거지 수술'이라고 한다. 비뇨기과에서는 특히 성장한 '음경(阴茎[yīnjīng 인징])'에서 포피 내부의 연부조직을 그대로 보존시키고 위의 피부층만 벗겨내어 봉합하는 수술방법을 적용하여, 출혈 통증 없이 미용적인 면과 기능적인 면에서 도움이 되는 '소매절제술; Sleeve resection, 袖状切除[xiùzhuàngqiēchú]'을 시행하고 있다.

중국 온라인 상담코너에 한국식 포경수술(韩式的包皮手术)과 전통방식수술(传统包皮手术)의 차이점에 대한 의사 답변이다.

建议你最好做韩式无痕美容包皮手术
상처 없는 한국식 미용포경수술 좋다고 건의합니다.
术后包皮包茎自然美观
수술 후 포피 포경 미관이 자연스럽고요.
微创无痛
작은 상처에 통증 없고
快速康复
빨리 회복되고
无任何副作用
어떤 부작용도 없습니다.
术后外形整齐美观
수술 후 깔끔하고 아름다운 외관에
出血少
출혈 적으며
手术十分钟左右完成
수술은 10분 정도면 완성됩니다.
随做随走
마음대로 하고, 마음대로 돌아다녀도 되며
不用拆线
실밥 풀 필요도 없습니다.

基本不影响日常生活和工作
일상생활, 생업에 전혀 지장이 없습니다.
韩式的包皮手术比传统的包皮手术好!
한국식 포경수술이 전통수술에 비해 좋습니다!

   중국 의사들의 '과장된 표현력'은 한국식 표현보다 압도적이다! 더 이상 표현할 방법이 없는 감동적인 '홍보문구'여서 잘 복사해서 유용하게 진료실에서 사용 중이다!

대한민국 만세! 大韓民國 萬歲! 大韩民国 万岁!

- 在世上，使我最开心的四个字。-
세상에서 나를 가장 기쁘게 하는 네 글자.

蒙古大夫 [měnggǔdàifu]

몽고의사. 돌팔이 의사.
부작용이 많은 약을 쓰는 의사이다 등, 몽골 비하의미가 있다.

諧音雙關 – 해음쌍관, 중국문화

諧音双关[xiéyīn shuāngguān] 해성 해음자와 두 가지의 의미 글자. 독음(讀音)이 같거나 비슷한 한자와 하나의 말이 두 가지의 의미를 가지는 것.

중국어 단어는 음이 같으면서 성조(声调[shēngdiào; 셩디아오])가 제각각인 특징이 있다 보니 같은 발음의 말이 중의적(重義的)인 경우가 많이 생길 수밖에 없다. 이런 언어적인 특성 때문에 '해음(諧音)문화'가 생겼고 일상화된 문화적 배경을 이해해야 의사소통과 감정교류가 한층 깊어질 수 있다.

예로, 닭의 해 새해 인사를 '鸡年吉祥'으로 하는 데는 닭의 ji 발음과 '길할 길'의 ji 발음이 같기 때문에 즐겨 말한다.

또 새해 인사 중 '年年有余'는 해마다 여유가 더하라는 인사말인데 '여유 유(yú)'와 '물고기 어(yú)'가 발음 성조가 완전히 같아 '年年有鱼'가 "年年有余"의 해음으로 쓰여 인사말과 함께 새해 음식상에 생선 요리를 반드시 올리게 되는 이치이다.

이러한 일상의 해음문화(諧音文化)를 이해해야 중국의 속을 알 수 있고 중국어를 공부하는데 흥미도 더 느낄 수 있다.

해음(諧音)이란 이처럼 같은 소리를 가진 한자(漢字)를 이용한 언어수사적인 표현으로, 어휘의 소리가 같거나 비슷하여 한국의 동음이의(同音異義)와 같다고 보면 된다. 흔히 '四[sì]'와 '死[sǐ]'의 발음이 '해음'이기 때문에, 숫자 '4'를 금기시하는 것은 한국과 같다.

모든 중국인이 열광하는 숫자 '八[bā]'와 돈 벌다는 '필 발(发[fā])'과 발음이 같아서이고, 시계를 선물로 피하는 것은 중국어에서 시계를 뜻하는 '쇠북 종(鐘)'의 발음이 '끝나다, 죽다'를 의미하는 '종(終)'과 같기 때문이다. '八[bā]'와 '发[fā]'가 발음이 유사하다고 하는 것은 남부지방의 발음이 둘 다 'fa'에 가깝기 때문이라는 설명이다.

우산이나 부채를 선물하는 것도 삼가야 하는데, 우산(雨伞[yǔsǎn])은 흩어진다, 헤어진다는 뜻을 가진 산(散) 자와, 부채를 말하는 산(扇[shàn])도 마찬가지의 이유로 삼가는 선물이다.

연인 사이에 절대 주지 않는 과일이 바로 배다. '배(梨[lí])'의 중국어 발음은 '이별'의 '이(离)'와 발음이 같기 때문이다.

중국에서는 붉은색 바탕에 금색 글씨 '복(福)' 자를 거꾸로 써 붙이는데, 이는 '거꾸로'의 '도(倒[dào])'와 '이르다(어떤 장소나 시간에 닿다)'의 뜻을 갖는 '도(到[dào])'의 발음이 같아서 '복(福)' 자가 거꾸로 되면 '복이 닿았다'의 의미를 갖는 '다오푸(到福)'의 음이 되기 때문이다.

중국의 사회적 관습과 금기문화 등에는 해음 현상은 일상화되어서 그 예를 들자면 정말 많다.

성탄절에 연인끼리 사과를 선물하는 관습이 생겨난 것은 성탄전야가 중국어로 평안한 밤의 뜻인 '핑안예(平安夜)'이므로 같은 발음의 사과(苹果; 핑구어)를 선물하는 관습이 생기는 식이다.

대머리 중국 배우 '徐峥' 주연의 '大男当婚; 노총각 장가보내기'라는 중국드라마에서 주인공의 이름은 '小强[xiǎoqiáng] 샤오치앙'이다. 35세 주인공 노총각의 치열한 삶과 결혼 상대와의 사연들을 코믹하게 다룬 드라마인데, 주인공이 요로결석(尿路结石 [niàolùjiéshí]) 환자로 비뇨기과 병원에서 진료받는 장면이 나온다.

극 중 비뇨기과 여의사와의 사랑 이야기가 감동을 주는 데다가 중국 병원 비뇨기과 진료 현장, 의료진의 대사가 현장감이 있어서 많은 공부가 되었다.

'小 xiao'를 이름에 붙이면 중국어에서는 애칭이 되기 때문에 아이들 이름에, 친구끼리는 성씨 앞에 '小 xiao'를 붙여 부르는 경향이 있는데, 드라마의 주인공 '小强[xiǎoqiáng] 샤오치앙'은 원래 뜻이 '바퀴벌레'라는 뜻이다. 코미디물이기도 하지만 치열하게 대도시 삶을 살아가는 노총각을 바퀴벌레에 비유한 일종의 해음(諧音)으로 볼 수 있다.

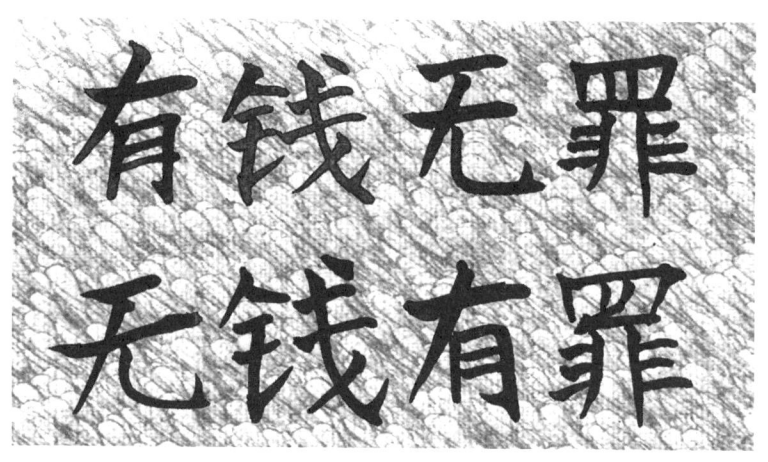

'유전무죄(有錢無罪), 무전유죄(無錢有罪)'가 우리 사회에서 유행하듯 중국에서도 몇 년 전부터 '有錢任性; 돈 있으면 맘대로 해'라

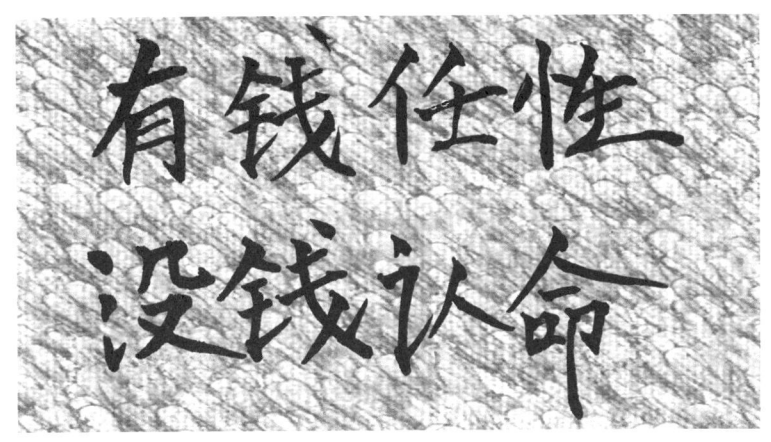

는 뜻으로 돈으로 모든 것을 해결하는 세태를 풍자하는 말이 유행한다. 요즘은 '有钱任性, 没钱认命; 있으면 제멋대로, 없으면 운명이고'의 대구(對句)로 회자된다. 어느 사회나 빈부 격차가 커질수록 사회는 갈등이 생기게 마련이다.

财大气粗[cáidàqìcū; 차이따치추]는 사자성어로 '부자가 되면 콧

김부터 세진다, 재물만을 믿고 남을 능멸하다, 부자가 되면 횡포해진다' 등등의 뜻을 지닌 '성질 더럽다'고 약간은 폄하하는 말이다. 气(기운 기)의 의미가 성질 기질의 뜻으로 쓰이고 粗(거칠 조)는 매끄럽지 못하다는 뜻으로 쓰였다.

한편, 财大器粗[cáidàqìcū; 차이따치추]는 똑같은 발음과 같은 성조의 글자가 '부(富)도 갖추고 성기도 굵다'의 의미로 쓰일 수 있다. 여기서 器(그릇 기)는 성기의 의미로, 粗(굵을 조)는 굵고 두껍다는 뜻으로 쓰였다.

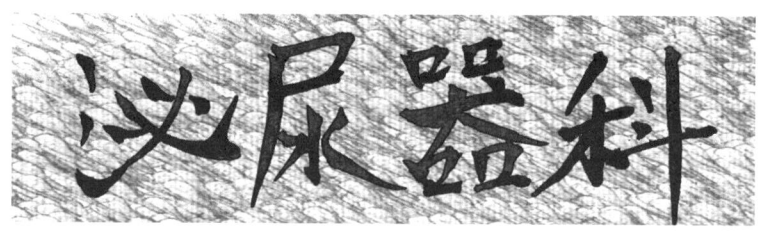

'泌尿器科 學術用語'로 내가 谐音双关(해음쌍관)을 만들어 보았다.

- 在世上，使我最开心的四个字。-
세상에서 나를 가장 기쁘게 하는 네 글자.

十全十美 [shíquánshíměi]

모든 방면에 완전무결하여 나무랄 데가 없다. 완전무결하다.

尽善尽美

誇張廣告 _ 과장법

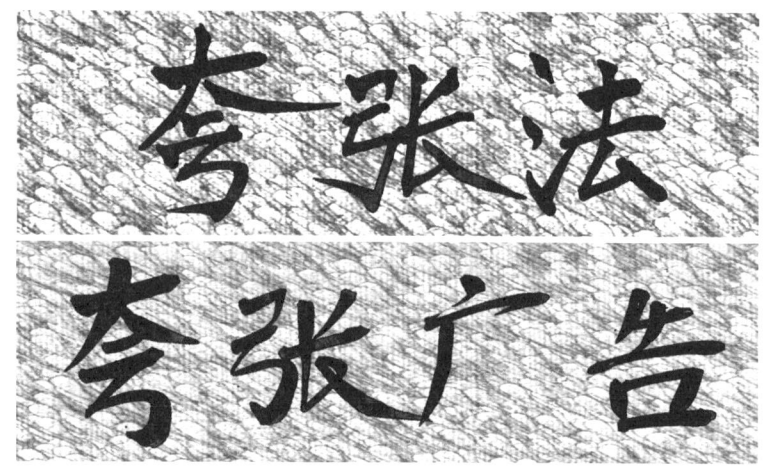

중국인의 과장법(夸張法[kuāzhāngfǎ; 콰장파])
夸張广告[kuāzhāngguǎnggào; 콰장광가오] 과대광고, 과장광고

太 '클 태[tài; 타이]'는 크다, 심하다 등의 부사로 많이 쓰이는데, 大(대), 泰(태)와 통자(通字)로, 크다는 의미의 大에 점(·)을 찍어 더 크다는 것을 나타낸 글자로 '매우 크다'를 뜻한다.

중국어 초보 단계에서도 太는 흔히 사용되는 부사로, 쇼핑 회화에서 '너무 비싸요!': 太贵了[tài guì le; 타이구이러]로 흔히 쓰는 말이다.

太-了(너무 -하다)의 관용구는 일상생활에서 자주 쓰는 '관용어'이다.

명필 왕희지의 아들이 붓글씨 연습을 하다가 부모님께 칭찬을 받기 위해 자신이 쓴 글씨 '대'(大)를 아버지 왕희지에게 보여줬다. 왕희지는 아들이 쓴 글씨를 보고 아무 말 없이 점 하나만 더해 '태'(太)를 썼다.

칭찬을 받지 못한 아들은 글씨를 들고 가 다시 어머니에게 보여주었다. 어머니는 글씨를 자세히 보더니 다른 것은 다 아직 부족한데 여기 이 점은 정말 잘 썼다고 칭찬한다. 아들은 자신의 붓글씨가 부족함을 알고 더욱 노력해 정진했다는 이야기가 있다. 太 '클태[tài; 타이]'가 이렇게 중요하고 흔히 쓰이는 글씨임을 전해주는 일종의 과장법이랄까…?

很(hěn), 真的(zhēnde), 非常(fēicháng), 挺(tīng), 特别(tèbié)

등이 이런 강조 부사로 사용되는데, 오래전부터 우리에게 익숙한 중국어 '띵호아'란 말이 바로 '挺好[tǐnghǎo; 팅하오]', 즉 '아주 좋다'라는 뜻이다.

중국 화법에서는 이처럼 너무, 정말, 매우 등의 부사가 강조의 의미로 흔히 대화에 사용된다. 이는 곧 말의 의미를 '때로는 가감하여' 들어야 할 때가 많다는 의미이기도 하다.

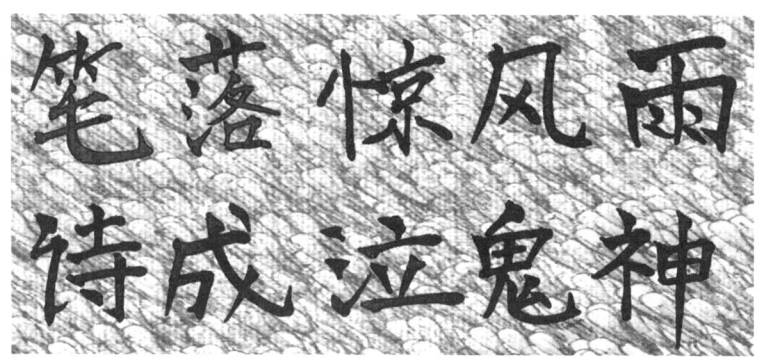

두보(杜甫)는 천재 시인 이백(李白)을 "붓을 들면 비바람이 놀라고 시가 완성되면 귀신이 울고 갔다(笔落惊风雨, 诗成泣鬼神)"고 높

게 평가하고, 이백은 유명한 〈추포가〉(秋浦歌)에서 "백발 삼천 장 / 시름 때문에 이처럼 자랐나니 / 알 수 없구나 / 밝은 거울 속의 몰골은 / 어디서 가을 서리 맞았는지(白髮三千丈, 緣愁似箇長, 不知明鏡裏, 何處得秋霜)"라고 삼천 장의 머리카락 운운하며 과장법의 최고수임을 뽐낸다.

우리는 흔히 '과대광고'라는 단어를 쓰지만 중국어로는 '과장광고 夸張广告 [kuāzhāngguǎnggào; 콰장광가오]'라고 표현한다.

'과장'이나 '광고' 모두 우리 한자 발음과 중국어 발음이 유사하여 쉽게 익힐 수 있는 단어이기는 한데, 우리 발음 '과장'과 유사한 다른 의미의 중국어들이 많다는 데 흥미가 있다.

한국어 과장은 '夸張[kuāzhāng; 콰장] 과장하다'이다. 과대광고는 '夸張广告[kuāzhāngguǎnggào; 콰장광가오]'로 우리 발음과 유사하다.

지나칠 과, 장려 장 '过奖[guòjiǎng; 구어장]'은 '과장'이라는 우리

말과 발음이 더 비슷하지만 그 의미는 '과분합니다, 칭찬이 지나치십니다'라는 겸양의 표현이다. '过奖了[guòjiăngle] 과찬이십니다.'

더 재미있는 단어는 '과일잼'을 말하는 '果醬[guǒjiàng; 구어장]'으로 발음은 같고 뒤쪽 성조만 높은 단어이다 보니 성조 발음에 주의가 필요하다.

회사 과장님 课长[kèzhǎng; 크어장], 부서 '과장님'은 科长[kēzhǎng; 크어장] 이다.

최근에 사전을 찾아보니 요즘 인터넷에서 젊은이들이 '과일잼'을 말하는 '果酱'을 재미삼아 인터넷 신조어로 '过奖(지나치게 칭찬하다)'라는 뜻으로 사용하고 있음을 발견하였다. '해음문화(諧音文化)'의 일종이다. 그동안 발음기호와 성조를 유의해 온 것에 밑줄을 한 번 더 진하게 긋게 된다.

한자 '사치, 奢侈[shēchĭ; 셔츠]'에서 '사치 사(奢)'는 '큰 대' 밑에

'놈 자', '사치 치(侈)'는 '사람 인' 변에 '많을 다'로서 사람에 대해 표현할 수 있는 가장 화끈한 '크고 많음'의 뜻이 부여된 글자라는 생각이다.

사람이 만들어 낼 수 있는 최대의 과장법의 글자가 '사치(奢侈)'란 느낌이다.

- 在世上，使我最开心的四个字。-
세상에서 나를 가장 기쁘게 하는 네 글자.

百万富翁 [bǎiwànfùwēng]

백만장자, Millionaire 번역단어로 영화제목에도 인용되고 술이름 칵테일 이름으로도 인용이 많다. 百万富翁 (鸡尾酒)

言外之意 _ 말 속에 숨은 뜻, 話里有話

话里有话[huàliyǒuhuà] 말 속에 다른 숨은 뜻이 있다.

중국인들은 중의적인 표현을 중요시한다는데, 이게 참 이해하기 어려운 부분이다. 심한 과장법을 조심하라는 비즈니스 경험담과 함께 중국에서는 인간관계, 연줄(关系[guānxi; 꽌시)이 중요하다고 알려져 있다.

특히 중국의 언론보도는 사실보도건 정치적 보도이건 우리와 많이 차이가 난다고 느껴진다. 외교적 갈등이 있을 때나 우리와 관련된 기사의 논평을 볼 때 기술하는 방법이 다른 것 같다. 사회주의 국가인 중국에서의 언론은 '사회주의적 진실'을 보도한다고 한다.

중국 공산당체제에서 '진실'은 우리가 생각하는 진실과 조금 다를 수 있는 공산당 체제 내부의 논리적 진실이다. '당이 결정한 진실'을 국민에게 전달하는 것이므로 중국 체제의 언론관이 우리와 다를 수 있는 것이다.

이 같은 중국 공산당 체제의 언론관을 고려하지 않고 외국인 시각에서 중국 매체의 보도를 보면 오해가 발생할 수밖에 없다. 덩샤오핑이나 장쩌민 등이 언론에 대해 "신문 여론이 당을 단결시키고 안정시킬 수 있어야 한다" 혹은 "언론인은 반드시 당과 입장을 일치시켜야 한다"고 언급하였던 것만 보아도 이해할 수 있는 부분이다.

한편, 미국 언론에 게재된 유머나 기사 형식을 따르는 풍자 콘텐츠 등이 때때로 신화통신과 같은 언론에서 심각하게 받아들여 내용을 그대로 기사에 반영하기도 하는데 이는 문화적인 차이에서 나타나는 해프닝이다.

얼마 전 뉴욕타임스는 오바마 전 대통령이 트럼프 대통령 후보의 도청에 대한 풍자 뉴스를 오보(誤報)한데 대해 "각종 음모론과 가짜 뉴스가 만연한 중국에서 언론이 미국 매체의 풍자에 자주 속아 넘어가는 것은 전혀 놀랄 만한 일이 아니다"라고 분석했다.

중국 언론이 미국 매체의 풍자에 자주 속는 이유는 신랄한 유머와 반어법을 즐겨 쓰는 미국 문화와 보도에 익숙하지 않은 데 원인이 있다고 한다. 오죽하면 반어법(反語法)으로 '김정은이 섹시한 남성 1위'라는 오보를 했을 정도이니 말이다. 사실 우리도 미국에서 이루어지는 대통령에 대한 풍자나 유머가 아슬아슬하게 느껴지는 경우도 있으니 동서양 언론의 문화적 차이는 인정하지 않을 수 없다.

이 역시 '사자성어'와 'Four-letter word'의 차이라 할 수 있을 것이다.

言外之意(언외지의)는 '말의 숨은 뜻', '말에 직접 나타나 있지 않은 다른 뜻'을 지칭한다. 흔히 쓰는 말로 '행간 읽기' 또는 '이면 읽기'라고도 한다.

유사한 성어로 '말 속에 말이 있다'는 성어가 있다. '话里有话[huàliyǒuhuà]'라는 성어는 '말 속에 다른 숨은 뜻이 있다', '말 속에 뼈가 있다', '언중유골(言中有骨)' 등의 뜻이다.

중국 CCTV 정책토론 시간에 우연히 제목을 보다 보니 '醉翁之意不在酒'[zuìwēngzhīyìbúzàijiǔ](취옹지의부재주)라는 주제로 한참 남중국해 영해논란 시기의 미국 일본의 태도에 대해 정책비판을 하고 있다.

'다른 속셈이 있다'는 뜻의 이 성어는 송(宋)나라의 정치가이며 당송팔대가 중의 한 사람 구양수(欧阳修)의 '취옹정기'에서 "醉翁之意不在酒, 在乎山水之间也"에 따왔다. '술 취한 늙은이의 뜻은 술에 있지 않고 산수의 즐거움에 있다'는 뜻으로 산수의 즐거움을 마음에 얻어 이를 술에 부친 것이다. 원래는 술을 빌려 산수의 아름다움을 느끼면서 즐겁게 취한다는 뜻이었으나, 후에 와서 다른 속셈이 있거나 안팎이 다르다는 뜻으로 쓰이게 되었다.

 새들은 산림의 즐거움은 알지만 사람의 즐거움은 알지 못하며, 사람들은 태수를 따라 놀면서 즐거워할 줄은 알지만 태수가 그 즐거움을 즐기는 것은 알지 못한다. 취해서는 그 즐거움을 함께할 수 있고 깨어서는 그것을 글로 쓸 수 있는 자는 태수, 취옹정이다.

 사람마다 상대방의 감정 표현을 받아들이면서 '액면 그대로'라고는 생각하지 않겠지만, 한집안 사람들끼리도 표현과 그 뜻의 파악이 힘든 세상에 문화가 다른 동서양 국가 사이에 의미전달이 어려운 건 당연한 일일지도 모르겠다.
 불통의 시대에, 차라리 그냥 취기를 핑계 삼아 미처 몰랐다는 구실을 만드는 게 낫지 않을까?

 醉翁之意不在酒
 ; 술 취한 늙은이의 뜻은 술에 있지 아니하니~~~

- 在世上，使我最开心的四个字。-
세상에서 나를 가장 기쁘게 하는 네 글자.

阳奉阴违

阳奉阴违 [yángfèngyīnwéi]

겉으로는 복종하나, 속으로는 따르지 않다. 면종복배(面從腹背)하다.

개인문제 _ 个人问题, 終身大事

개인문제(个人问题[gèrénwèntí] 결혼)

중국어 발음에서 '결혼' 관련 단어들은 발음도 비슷하고, 착각하기 쉬운 발음도 있어서 처음 중국어 공부할 때 재미있게 단어를 익혔던 기억이 있다.

일단 '개인문제(个人问题; 끄어런원티)'가 결혼을 뜻하는 것이 재미있다. 혼자만의 일이 아닌데 '개인문제'라니….

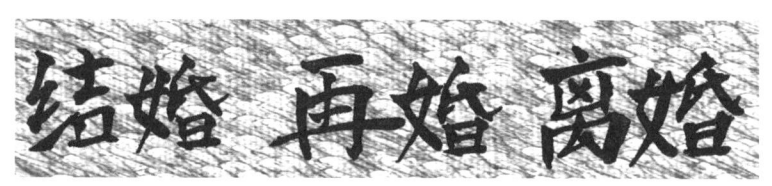

결혼은 '结婚[jiéhūn; 지에훈]으로 발음하고 재혼은 再婚[zàihūn; 짜이훈]으로 발음하니 '결혼식'을 '재혼식'으로 발음하지 않도록 조심스레 익혀야 할 발음이다. 이혼은 离婚[líhūn; 리훈], 청혼은 '구혼'으로 표현하여 求婚[qiúhūn; 치우훈]이라 발음한다.

그리고 '결혼식'을 표현하는 단어로는 우리가 혼례라고 부르는 婚礼[hūnlǐ; 훈리](결혼식, 혼례)를 사용한다. 혼사를 표현하는 단어는 기쁜 일, 喜事[xǐshì; 시스](결혼, 혼사)를 사용한다.

중국에서는 결혼식을 올리기까지 집값과 신혼여행 비용을 제외하고도 피로연, 예물, 친인척 예물, 예식장 등을 포함하여 많은 비용을 들여 성대하게 치르려고 한다. 소득에 비해 턱없이 비싼 결혼 비용 때문에 중국 청년들의 결혼비용 부담이 크다.

결혼식에는 초청된 사람만이 가는데, 청첩장을 받고 자유롭게 참석하는 것이 아니고, 참석 여부를 반드시 알려줘야 하고 그에 따라 혼주는 참석할 하객의 테이블을 마련한다. 주로 가족, 친지, 친구, 회사 동료 등 순으로 테이블에 앉는 자리가 지정된다.

우리는 축의금 봉투가 흰색이지만 중국에서는 무조건 붉은색 봉투, 홍빠오(红包)에 짝수단위의 축의금을 낸다(200위안, 600위안, 800위안 등).

결혼식 규모도 최대한 호화롭게 하고자 하는 것이 특징인데 아마도 체면을 중시하는 분위기 때문인 듯하다. 그래서 생겨난 문화가 고급 외제 차를 웨딩차로 사용하는 것이다. 차는 상대측을 존경하는 뜻으로 고급 차를 대절한다. 자동차 이용 여부는 신랑 신부가 합의하여 선택할 수 있다. 차는 주로 宝马(바오마; BMW)나 奔驰(번츠; Benz), 奥迪(아우디; Audi)를 이용한다. 중국에서는 결혼 당일 신랑이 신부의 집으로 가서 신부와 신부 측 하객들을 결혼식장으로 데리고 오는 풍습이 있다.

　결혼을 개인문제(个人问题)로 표현하지만, 终身大事[zhōngshēndàshì](혼인 대사, 인생의 대사, 남녀 간의 결혼)의 표현도 많이 사용한다. 결혼이라는 직접적인 표현보다는 간접적인 표현을 좋아해서 '개인문제', '종신대사' 등으로 표현한다.

　영국 속담에 '하루 동안 행복하려면 이발을 하고, 일주일 동안 행복하려면 결혼을 하고, 한 달 동안 행복하려면 말을 사고, 한 해를 행복하게 지내려면 새집을 짓고, 평생을 행복하게 지내려면 정직해야 한다'는 말이 있다.
　중국 속담에는 '하루가 행복하려면 술을 마시고, 일주일이 행복하려면 돼지를 잡고, 한 달이 행복하려면 결혼을 하고, 평생이 행복하려면 정원사가 되라'는 말이 있다. 술, 음식, 결혼생활의 육체적 쾌락 등은 일시적이고, 자연의 정직함을 알려주는 동서양 공통의 속담이며, 중국인이 영국인보다 결혼 후 3주간 더 행복하다는 것, 마지막으로 평생 행복하려면 '정직한 정원사가 정답'인가 보다.

규모의 결혼식, 외형의 결혼식이 '婚礼(결혼식, 혼례)'라고 한다면, 결혼하고자 하는 배우자에 대한 신뢰와 배려심은 '終身大事(종신대사)'의 필수 요건이다.

반드시 할인점 '사과 한 박스'를 주례선물로 받고 1년에 한 번 주례를 서는 서강대학교 MOT대학원 김동률 교수의 주례사는 안데르센의 동화 '썩은 사과 이야기'이다.

어느 노부부가 자기의 전 재산인 말 한 필을 팔아 좀 더 쓸모 있는 물건과 바꾸기로 작정하고, 영감이 말을 끌고 시장에 간다. 처음엔 말을 암소로 바꾸고, 다시 암소를 양으로 바꾸고, 양을 살찐 거위로 바꾸고, 그 거위를 암탉과 바꾸고, 마지막으로 그 닭을 썩은 사과 한 상자와 바꾼다.

누가 보더라도 바보 같은 행동을 했지만, 노인은 썩은 사과 한 자루를 둘러메고 의기양양하게 집으로 돌아간다. 집으로 가다가 영국인 두 사람에게 오늘 시장에서 자기가 한 행동을 설명하니 두 명의 영국인은 박장대소를 하며 "오늘 영감님은 분명히 집에서 쫓겨날 것"이라고 말한다.

영감은 절대 그런 일은 없다고 호언장담하며 그 두 명의 영국인과 금화 한 자루를 두고 내기를 한다.

영감이 집에 도착하여 오늘 하루, 자기들의 전 재산인 말과 다른 물건과 바꾼 얘기를 하니 할머니는 그때마다 박수를 치고 웃었다. 처음 말과 암소를 바꾸었다고 하니, "와 우유를 마실 수 있겠네요" 한다. 다시 암소와 양을 바꾸었다고 하니, "양젖도 맛있지요" 하고, 양과 거위는 "털이 얼마나 따뜻해요" 한 다음 닭에 이르러서는 "계란도 먹을 수 있겠네요"라고 한다. 마지막으로 닭과 썩은 사과를 바꾸었다고 하니, "그럼 오늘 저녁엔 사과 파이를 배불리 먹을 수 있겠네요!" 감탄한다. 밖에서 이 광경을 지켜보던 두 영국인은 금화 한 자루를 잃게 되었다.

'전적으로 남편을 신뢰하고 배려한 아내'와 '순수함과 사랑을 지닌 남편'이 그들의 신뢰와 순수함 덕에 시장 가서, '말 한 필'과 바꾼 '썩은 사과' 한 자루로 금화 한 자루를 얻게 된다는 우화이다. 세상은 꼭 영리하고 약삭빠른 사람만이 잘사는 것이 아니라 가끔은 어수룩한 사람들이 더 많은 복을 받고 잘 살 수도 있다는 교훈이 담겨있다.

'잘했군 잘했어!'는 가수 하춘화가 부른 '남편 기 살리기' 노래이다. '썩은 사과 이야기' 우화를 읽다 보면 '전적으로 남편을 신뢰하고 배려한 아내'의 장단맞춤에 '잘했군 잘했어!' 노래가 부르고 싶어진다.

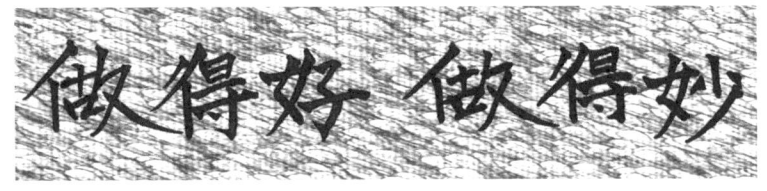

중국 드라마 '做得好做得妙[zuòdehǎozuòdemiào]'는 '잘했군 잘했어!' 중국판 드라마 제목이다!

집집마다 외쳐보시길!

― 在世上，使我最开心的四个字。―
세상에서 나를 가장 기쁘게 하는 네 글자.

个人隐私

个人隐私 [gèrényǐnsī]

개인 프라이버시(privacy). 个人私事 [gèrénsīshi]
隐私 [yǐnsī] 사적인 비밀. 개인의 사생활.

총각김치 _ 总角, 嫩萝卜泡菜

총각(總角): 간체자 '总角'[zǒngjiǎo; 종쟈오]

중국에서 예전에는 미성년자는 머리를 양쪽으로 갈라 빗어 올려 귀 뒤에서 두 개의 뿔같이 묶어 매었다고 한다. 그래서 양쪽으로 뿔처럼 묶은 머리를 총각(總角)이라고 부르다가 '미성년, 어린아이, 소년' 등의 의미로 쓰이게 되었다.

간체자는 '总角[zǒngjiǎo; 종쟈오]로 쓴다. 한편 여자아이는 앞뒤로 묶어 두 가닥으로 갈라진 모양을 본떠 'Y'(가장귀, 가닥 아)라 불렀고, '여자아이'의 의미로 쓰였다. 'Y'[yā; 야]의 글자는 YY[yāyā; 야야]로 중복하여 '어린 계집애'를 부르는 명사로 쓰인다.

'총각김치'는 중국어로는 '嫩萝卜泡菜[nènluóbopàocài; 넌루오보파오차이]'로 부드러운 무김치의 뜻이다. 김치는 '담근 채소'의 의미로 '泡菜[pàocài; 파오차이]'로 흔히 불린다.

그러면 '총각김치'는 왜 한국에서 '총각(總角)'이라는 이름이 붙었을까? 크기가 작고 무청이 달린 부드럽고 작은 '알타리무'라고 불리던 일명 '총각무'로 담가 발효시킨 김치를 '총각김치'라고 부른다.

머리를 갈라 빗어 올려 뿔같이 묶어 맨 모양과 총각김치를 담글 때 무의 잎사귀와 줄기, 즉 무청의 모양이 총각의 무성한 머리채와 오버랩 되면서 모양의 유사성이 만들어낸 이름이 '총각김치'라는 이야기다.

또 하나의 작명 과정은 '총각무'의 무 부분 모양이 아담한 총각의 남근 모양과 비슷해서 유래했을 것이라는 추정이다. 김치 담그기 전 총각무를 손질하면서 다듬다 보면 무의 생김새가 총각의 '남근(男根)'을 연상하기 딱 좋았을 것으로 상상이 된다. 끝 부분은 불룩하면서도 뭉툭하게 생겨 절묘한 '음경(陰莖 [yīnjīng 인징])'의 모양이다. 요런 조런 크기를 다듬다 보면 총각무 손질 시간이 지루하지 않았으리라.

우리나라에서 작명된 '총각김치'는 이제 일반명사로 흔히 쓰이면서, '남근(男根)'을 연상하는 경우는 많지 않은 듯하다. 고급 한식 뷔페식당도 제공되는 김치 면면을 보면 배추김치, 백김치와 총각김치는 필수 김치로 여겨진다.

잘 다듬고 잘게 썰어 제공되는 덕분에 여성 손님들이 총각무를 통째로 '서걱' 잘라먹는 모습을 볼 수는 없고, '총각무'나 그것으로 담근 '총각김치' 먹기를 꺼릴 이유가 있겠는가?

손가락 굵기만 한 어린 무를 잎과 줄기째 양념에 버무려 담근 김치가 '총각김치'다. 이때의 어린 무를 '총각(總角)무' 또는 '알무' '알타리무' '달랑무'라 하는데, 1988년에 개정된 표준어 규정은 '알무', '알타리무', '달랑무' 등을 모두 '총각무'를 표준어로 하여 쓰도록 했다.

요즘 동북공정(東北工程; 국경 안에서 전개된 모든 역사를 중국 역사로 만들기 위해 2002년부터 중국이 추진한 변경지역의 역사와 현상에 관한 연구 프로젝트)에 대비하여 '김치공정'이란 말이 생겼다. 중국은 고대 문헌인 시경을 근거로 김치의 종주권을 주장하고 있다.

시경에는 "오이를 깎아 저(菹)를 만들었다"는 기록이 있다. 이 저를 김치의 원류로 보는 것이다. 중국에서 우리 김치는 '泡菜[pàocài; 파오차이], 韓式泡菜[hánshìpàocài; 한스파오차이]], 辣白菜[làbáicài; 라바이차이]] 등으로 불린다.

속이 꽉 차있는 '보쌈김치(包卷泡菜, 包泡菜[bāopàocài] 보쌈김치)'를 생각해 보자. 오이를 깎아 만든 절임과 이를 비교한다는 게 말이 되는가?

무슨 채소든지 절여 발효시킨 음식은 어디서나 발견된다. 그런데 '총각김치'라는 우리의 창조적인 김치는 고유명사가 만들어지는 과정에서부터 그 깊은 의미까지 감히 원조 논란을 끄집어낼 수가 없을 게다.

'비뇨기과 의사'의 관점에서 바라볼 때, 오늘 저녁상에 밥맛을 돋운 '갓 김치', '고들빼기김치' 이런 건 어디서 흉내 낼 수 없는 우리 음식이다.

- 在世上，使我最开心的四个字。-

세상에서 나를 가장 기쁘게 하는 네 글자.

酸甜苦辣

酸甜苦辣 [suāntiánkǔlà]

시고, 달고, 쓰고, 맵다. (생활의 온갖 고초, 온갖 풍상), 인생의 단맛 쓴맛.

津津有味 [jīnjīnyǒuwèi] 흥미진진하다. 감칠맛 나다. 아주 맛있다.
津津有味 흥미진진(興味津津)하다.

长腿欧巴 _ 롱다리오빠, 韓流

长腿欧巴[chángtuǐōubā; 창투이오우빠] 다리가 긴 남자, 키 크고 잘 생긴 사람

유럽(Europe)은 한자로 구주(歐洲) 또는 구라파(歐羅巴)인데 중국어 발음은 欧洲[ōuzhōu; 오우쪼우], 欧罗巴[ōuluóbā; 오우루오바]이니 한자를 통해 발음하는 우리식 발음이 원음과 차이가 크다.

러시아를 아라사(俄罗斯)로 음역한 것이 중국 발음으로 俄國[éguó; 으어구어], 俄罗斯[éluósī; 으어루오스]여서 어색한 것과 마찬가지다. 고종이 러시아 공관으로 피신한 사건을 '아관파천(俄館播遷)'이라 한 이유다. 露西亞(노서아)는 일본식 한자표기이다.

그런데 구라파의 '라'를 빼고 발음하면 한국 드라마에서 연인 사이 가장 많이 불리는 호칭 '오빠'와 발음이 같으니 요즘 중국에서는 欧巴[ōubā; 오우빠] 라고 하면, 한국의 '오빠' 또는 한류열풍의 연예인 남자 주인공을 부르는 용어로 널리 쓰인다.

심지어 중국 학회에 참석하여 저녁 자리에서 '한국에서 온~' 라고 하는 동시에 여기저기서 '오빠(欧巴)'라고 불러 대니 웃을 수도, 울 수도….

哭笑不得[kūxiàobùdé]는 '웃을 수도 울 수도 없다'는 성어이다. [성어, 비유]로 '이러지도 저러지도 못하다, 어쩔 줄을 모르다'의 뜻.

스포츠에서 장신, 사지 길이 등은 타고나는 자질이다. 초등학교 시절 빙상부를 하든, 야구를 해보든 작은 키와 '숏다리'는 운동선수가 되는데 큰 결격사유임을 느꼈다. 나는 평균 신장에, 사지는 짧고, 골반은 풍성하여 운동선수가 되려는 꿈은 진작에 접었다.

성장하고 나서는 매일 '거울에서' 감상해 보는 나의 쟁반 같은 얼굴, 짧은 목과 통통한 외모는 영상 매체에 나올 대상이 아니며, 멋진 의상을 걸쳐도 격에 맞지 않는다는 것을 절실히 느끼게 되었다.

나름대로 요령을 터득한 것은 수수한 매무새로 통통한 몸집을 적절히 가려주며 살아가는 게 나에게 적합하다는 것이고, 옆을 쳐다보지 말고, 적절한 합리화 메커니즘을 동원하여 열등감 없이 살아가는 게 마음 편하다는 것이다.

한편, 고령화된 사회서 중년 환자들을 진료하면서 사람의 속사정을 CT(컴퓨터단층촬영)로 들여다보면, 건강은 외형적인 길이 보다는 내재한 근력과 신경 혈관의 기능과 같은 내적인 아름다움에 의해 결정된다는 생각이다.

어쨌든 얼굴 작고, 길쭉한 미의식의 모델들이 아름답고 이상적인 체형으로 인식되면서 '장신', '롱다리' 등의 신체 조건은 '우월함'의 코드가 되었다.

'한류(韓流)'가 외국에 유행하면서 중국에서는 '롱다리오빠(长腿欧巴; 창투이오우빠)'라는 신조어가 탄생했다.
한국의 멋진 연예인들은 다 키가 크고 롱다리인 사람만 소개되었기 때문이다. ('대퇴부'의 腿 [uǐ; 투이]; 넓적다리 퇴)

가만 생각하니 나는 한국 남자이니 '오빠'라 불리는 건 좋은데, '숏다리'이니(短腿歐巴; 두안투이오우빠)'라고 불릴까 걱정이다.

高富帅[gāofùshuài]라는 신조어가 '키가 크고 돈 많고 잘생긴 남자, 킹카'라는 뜻이라고 설명한 적이 있는데, 중국에서는 신체적인 장단점을 마구 지적해도 실례가 안 되는지 모르겠다.

신조어 중에는 '屌丝[diàosī; 디아오스]'라는 단어가 매달린 것(남성의 성기)이 가늘고 초라하다는 뜻인데 '돈도 없고, 외모도 별로

고, 집안 배경도 없고, 미래도 어두운 사람, 찌질이, 루저(Loser)' 정도의 의미란다.

좀 심한 표현인데, 비뇨기과 의사는 이해는 할 수 있다고 해도 매스컴에서도 공공연히 이런 신조어를 쓰는 걸 보면 중국 매스컴이 성적(性的)으로는 훨씬 개방적인 것 같다.

중국인들이 한류 드라마의 발음을 그대로 중국어로 표현하는 걸 보면 참으로 재미있다.

'무지무지 예뻐요'라는 한국어를 음역하여 젊은이들이 중국어 표기를 만들었다. '母鸡母鸡 一把油; 무지무지 이바요우'(엄마 닭에 기름이 한 뭉텅이).

— 在世上，使我最开心的四个字。—
세상에서 나를 가장 기쁘게 하는 네 글자.

身才高大

身材高大 [shēncáigāodà]

팔등신 [八等身], 체격이 장대하다.
한국에서는 체격을 身体 [shēntǐ] 몸, 신체 라고 하지만 중국어에서는 건강의 의미이고, 身材 [shēncái]가 몸매, 체격, 몸집의 의미.

同床異夢 _ 性交時間, 早漏症, 早泄

同床异梦[tóngchuángyìmèng; 퉁추앙이멍] 동상이몽, 한 이불 속에서 다른 꿈을 꾸다, 같은 일을 하면서 서로 다른 생각을 하다.

◈ 45분, 11분 그리고 1분

〈연금술사〉로 유명한 파울루 코엘류의 장편소설 〈11분〉도 큰 화

제였다. 그는 책에서 性을 파는 여성들이 '하룻밤'이라 칭하는 1회의 성교에 대해 '상품화된 性'의 시간적 개념을 '45분'으로 설정한다. 옷 벗고 예의상 애정 어린 몸짓을 하고, 하나 마나 한 대화 몇 마디 나누고, 다시 옷 입는 시간을 빼면, 성교시간(性交時間)은 고작 11분밖에 되지 않는다는 것이다. 그리고 철학적으로 서술되는 '11분'의 끊임없이 어지러운 존재의 무게감!

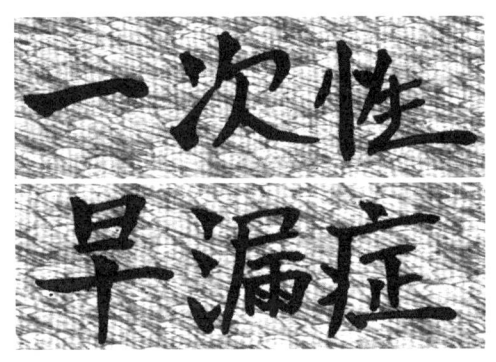

그런데 '빠른 남성' 또는 우스갯말로 '토끼'라고 표현하는 '조루증(早漏症)'은 분류체계가 구체화되었다. 세계 성학회(International Society of Sexual Medicine)의 'Primary premature ejaculation(원발성, 일차성; 一次性 조루증)을 시간적 개념으로 설명하면 1분이 채 안 되는 경우를 말한다. 성교시간 통념의 '십분의 일'이 안 되는 경우라고 해야 할까.

조루증에 대한 고전적 유머가 있다. 지구멸망을 앞둔 '부부 이야기'이다.

아내: 당신은 3분 후에 지구가 멸망한다면 어떻게 할 거야?
남편: 그야, 당신과 사랑을 나눠야지!
아내: 그럼 나머지 2분은?
남편: ······.

40대 후반의 K씨는 지난 겨울부터 가슴이 답답하다고 했다. 연말 여고 동창모임에 다녀온 부인의 한마디가 가슴을 찔렀다.
"다른 친구들은 부부생활에서 좋다는 느낌을 받는 애들이 있대요."
말끝을 흐리며 자신의 눈치를 살피는 부인을 보면서 아찔했단다. 20년 동안 그렇게 자주라고는 못해도 자신의 나이에 평균만큼은 즐기며 살아오고 있다고 자부하던 터였다.
'제가 좀 빠르기는 해도 마누라가 밤마다 만족해하는 줄 알았어요.'
K씨는 부인의 만족과 자신의 만족이 별개였다는 것에 너무 놀랐다고 했다. 불행히도 지난 연말 그날의 대화에서 느낀 K씨의 충격은 심리적으로 그에게 부담이 되어 '심인성 발기부전'까지 생기고 나니, 아예 밤을 두려워하는 남성이 되고 말았다.
20년간의 동상이몽(同床异梦)!

부부상담을 하면서 놀라게 되는 것은 우리나라 부부간의 대화가 없어도 너무 없다는 사실이다. 잠자리에서 상대의 느낌도 확인하지 않고, 상대편의 느낌쯤이야 척척 교감이 되는, 초인적인 부부들이 살면서 동상이몽의 세계를 만들고 있는 것은 아닌지….

74세 남성이 평생 동반해온 조루증을 만회하기 위해 성행위 때, 매번 두 번씩 성관계를 해왔다면서 상담을 청하였다. 두 번째 성교에서는 항상 만족할 만한 시간이 유지되었기 때문에 그동안 잘 지내오다가 (비뇨기과에 오실 일이 없었는데), 이제야 병원에 온 이유는 요즘 들어 두 번째 관계 후에 좀 피곤함을 느끼기 시작하셨다나. 뭐라나….

진료실에서 가장 치료가 어려운 '원발성 조루증'은 사정 조절 중추의 조절 능력의 문제인 경우가 많기 때문에 중추신경(대뇌; 大腦)에 작용하는 항우울제가 많이 사용된다. 어떻게 보면 '세로토닌 재흡수 억제제'라는 우울증약이 性的인 반응을 억제하는 부작용을 역이용한 것이라고 할 수 있다. 세계 최초로 유럽에서 개발된 'Dapoxetine(다폭세틴)'이라는 조루치료제도 원래 성분은 기존에 사용되는 항우울제를 속효성 단기작용 약물로 개발한 것이다.

조루증(早漏症)은 의학용어로 사용되는데 '중국 남성학회'의 의학용어는 '조설(早泄 [zǎoxiè]; 자오시에)'이라는 용어를 사용한다.

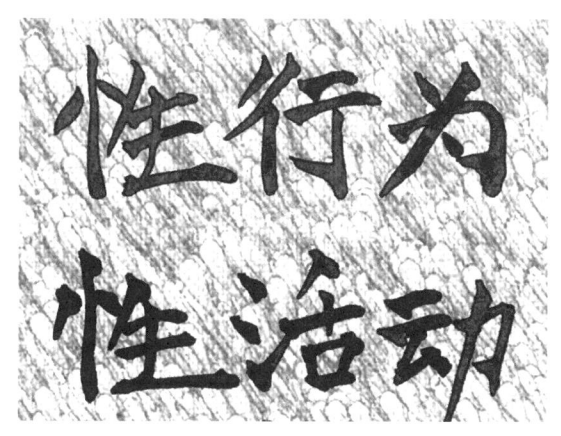

성행위(性行为[xìngxíngwéi]; 싱싱웨이)가 의학용어로 중국에서도 통용은 되는데, 성활동(性活动[xìng huó dòng]; 싱후어뚱)이 중국 약전이나 인쇄물에 더 흔히 쓰이는 'sexual activity'의 의미이다.

성교(性交 [xìngjiāo]; 싱지아오)는 다른 종을 포함한 포괄적인 '성교하다'의 의미이다.

베스트셀러 〈사소한 것에 목숨 걸지 마라〉를 쓴 리처드 칼슨은 다른 책 〈행복에 목숨 걸지 마라〉에서 사람들이 너무 분주하게 행복을 좇는 것에 대해 이렇게 말했다.

"만약 그들이 속도를 줄인다면 행복이 그들을 따라잡을 거예요."

행복은 먼 곳에 있지 않다. 누구나 잡을 수 있는 곳에 있다. 하지만 그것을 붙잡는 한 가지 비결은 붙잡기를 멈추는 데 있다. 성적인 행복도 먼 곳에 있지 않다.

'속도를 줄이고 붙잡기를 멈추면 된다!'

중국인들이 많이 사용하는 '조급해하지 마라!'는 '別着急[biézháojí] 비에자오지'. '조바심을 내지 말고 천천히 합시다'는 別着急, 慢慢来([bié zháojí, mànmànlái] 비에자오지 만만라이)로 말한다.

드라마에서 관용구로 배운 단어가 있다.

'来得早不如来得巧[láidezǎobùrúláideqiǎo; 라이더자오 부루 라이더치아오]' 일찍 오는 것보다는 시간에 맞춰 오는 게 낫다는 뜻이다.

앞뒤 대사를 잘 들어보니 '맞춰'가 '절묘하게'의 뜻이다. 巧[qiǎo] 교; 정교하다, 교묘하다, 공교롭다, 솜씨 있다, 영민하다.

'절묘해야 해!'

'来得早不如来得巧'와 같은 'A 不如 B' 구문은 흔히 쓰는 구문으로 우리가 쓰는 '百聞不如一見,백문불여일견'(백번 듣는 것이 한 번 보는 것만 못하다) 구문이다. A 보다는 B가 낫다는 의미이다.

- 在世上，使我最开心的四个字。-
세상에서 나를 가장 기쁘게 하는 네 글자.

阅读报纸 [yuèdúbàozhǐ]

신문을 보다.
阅读报纸 阅 검열할 열, 读 읽을 독, 报 알릴, 갚을 보, 纸 종이 지
우리가 읽는 '한자음'이 좀 외설스러워 우리는 신문이라 하는가 보다.
한편 우리가 신문이라고 하는 新闻 [xīnwén]은 중국에서는 (매스컴의) 뉴스.

3장

버킷리스트

즐기는자 _ 知之者, 不如好之者 好之者, 不如樂之者

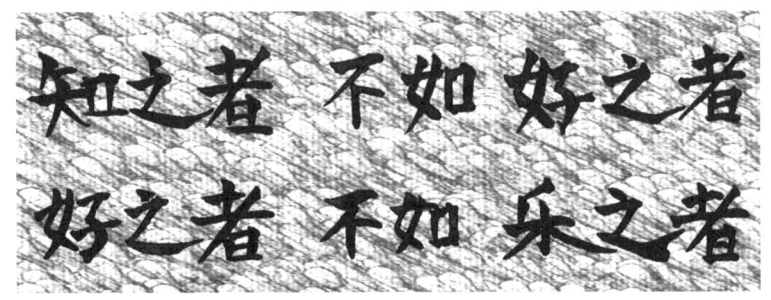

子曰 '知之者, 不如好之者 好之者, 不如樂之者'
　공자께서 말씀하시길, '아는 사람은 좋아하는 사람만 못하고, 좋아하는 사람은 즐기는 사람만 못하다.' 〈논어〉(論語) 옹야편(雍也篇)

　공자는 깨달음의 과정, 공부의 단계를 아는 자, 좋아하는 자, 즐기는 자의 세 가지로 구분한다. 아는 자는 초보이고, 좋아하는 자는 중간단계이고, 즐기는 자는 높은 단계이라는 말이다.
　이는 현대의 교육에도 적용될 수 있다. 알고 깨우치도록 교육하는 것이 초등 중등 교육이라면, 자기의 전문분야를 좋아하는 단계가 되어야 전문가의 길에 들어선다고 할 수 있다. 더 높은 단계, 즐김은 교육의 대상이 아니라 창의적 주체로서 전문분야를 발전시키는 '도인의 경지'라고 할 수 있다.

빌 게이츠가 MS를 떠나면서 이런 말을 남겼다고 한다. "재능있는 사람이나 노력하는 사람도 재미 때문에 일하는 사람을 이길 수 없다. 흥겹고 신나게 일할 때 위대한 일이 가능하다!"

'知之者', '好之者', '樂之者'라고 구분해서 말로 표현하고 그만 같지 못하다고 표현을 하다 보니 개념이 분리된 듯하지만, 실은 그 단계가 연속적인 것이다. 알고 깨우쳐야 좋아하는 경지에 이를 수 있고, 좋아하는 느낌과 태도를 가져야 진정 즐기는 단계로 뛰어오를 수 있는 것이다.

무엇보다 중요한 것은 知, 好, 樂의 차이를 규정하는 일이 아니고, 통합적으로 깨닫는 일이다. 知는 대상에 대한 인식이고 好는 대상과 주체 간의 관계에 관한 이해이며, 즐거움(樂)은 바로 이렇게 내재한 생각과 태도에서 비롯되는 것이다.

'과도한 애정과 일방적인 주입식 교육'을 경계하는 뜻으로, '배를 만들어 주는 대신 배 만드는 법을 가르치라'는 말이 교육에서 강조

되곤 한다. 곧 '구체적인 지식을 가르치는 것보다 더 나은 교육 방법은 능동적인 지적 호기심을 최대한 자극하는 것'임을 알 수 있다.

'자기주도학습'의 가치가 바로 '즐거움(樂)'을 추구하는 '생각과 태도'라는 생각이다.

10여 년 전에 중국에서 출판된 〈能干不如肯干〉이란 책이 있다. 능히 한다는 것(할 수 있음)이 기꺼이 하는 것(긍적적임)만 못하다는 의미이다.

생업과 노동도 마찬가지다. 그 일을 익숙하게 알게 될 때까지 부단한 노력이 있어야 그 일을 좋아하게 되고, 일을 좋아하다 보면 자연히 그 일을 즐기는 경지에 이르게 된다. 어떤 일을 스스로 즐기는 경지에 도달하면 노동은 놀이가 되고, 예술로 승화된다. 노동이 예술로 승화될 때 비로소 도가 통한 '장인(匠人)'이 된다고 할 수 있다.

교수가 학생을 가르치는 방식에도 단계가 있다.

'조교수(助敎授)는 자신이 알고 있는 것 이상'을 가르친다. '부교

수(副敎授)는 알고 있는 모든 것'을 가르친다. '정교수(正敎授)는 학생들이 이해할 수 있는 것'을 가르치게 된다.

그러면 전임강사(專任講師)는 무엇을 가르칠까? 전임강사는 '아무도 모르는 것'을 가르친다. 왜냐하면 가르쳐야 할 것을 이제 막 '알게(知)' 되었기 때문이다.

교수 임용을 받고 점차 전문지식과 함께 강의기법이 숙련되면서 학생들과 함께 호흡하는 시간을 '좋아하게(好)' 되면, 처음에는 아는 것 이상 쏟아 붓는 열정을 가지게 되고 점차 요령이 생기면 '알고 있는 모든 것'을 가르치며 자신의 교수법이 최고임을 자부한다.

그런데 문제는 '학생들이 이해가 되지 않는 강의'라는 점이다. 강의는 듣는 사람이 이해하도록 가르쳐야 한다. 점차 단순한 지식전달은 학생들에게 감동을 줄 수 없음을 깨닫게 된다.

그러면 은퇴한 명예교수는 무엇을 가르칠까?
'인생을 가르친다'가 적절한 답이 아닐까 한다.

퇴직 후의 명예교수께 강의 의뢰를 하였을 때, 최신지견을 주제로 '전문분야' 강의를 고집하면, '아직도 자신의 강의기법을 좋아하는(好)' 분이다.

은퇴 후 후학들이나 일반인에게 강연을 하는 명예교수들의 강의 제목은 한결같이 전공내용의 역사적 흐름을 통찰하고 '인생의 의미'를 어떻게 가치 있게 느끼며, 자신의 전공분야와 '즐거움(樂)'이 어떻게 조화될 수 있는지를 힘주어 강의하지 않던가!

카르페 디엠(Carpe diem)! 현재를 잡아라! '죽은 시인의 사회'에서의 명대사다.

"카르페 디엠, 오늘을 즐겨라. 소년들이여, 삶을 비상하게 만들어라."

- 在世上，使我最开心的四个字。-
세상에서 나를 가장 기쁘게 하는 네 글자.

爱不释手 [àibúshìshǒu]

너무나 좋아하여 차마 손에서 떼어 놓지 못하다.
(매우 아껴서) 손을 떼지 못하다.
(매우 좋아해서 잠시도) 손에서 놓지 않는다.

趁热打铁 _ 쇠뿔도 단김에 빼라

趁热打铁[chènrèdǎtiě] '쇠는 단김에 두들겨야 한다', '소뿔도 단김에 빼라'

10여 년 전에 '성공'을 위한 '쌍기역' 한 음절의 단어들을 읊고, 의미를 부여한 적이 있다. 예를 들면 '꿈', '꾀', '끼', '깡', '끈', '꼴' 등의 단어들에서 '꿈'은 자기가 이루고자 하는 목표이므로, 자신이 진정 무엇을 하고 싶은지를 찾아내고 목표를 분명히 정하는 인성이 있어야 한다는 식이다.

한 걸음 나아가 사전에서 '성공'을 위한 '쌍디귿' 한 음절의 단어들을 찾아보니, '성공을 위한 인성'이라기보다는 진지한 삶을 앞에 둔

'소양과 태도'를 의미하는 한 음절 단어들이 와 닿는다.

'땀'의 의미를 우선으로 둔다. 힘들이지 않고 현실에 안주해 적당히 즐기며 살려 하는 의식은 인간의 삶을 후퇴시키는 지름길이다. 왜 인류가 이룩한 문명과 재화를 '피땀 흘려 이룩한바'라 하겠는가? 또한 '땀'은 노력이나 수고를 비유적으로 이르는 말 외에도 땀(stich)은 '바느질할 때 실을 꿴 바늘로 한 번 뜨는 의미나 그런 자국'의 중의적 의미가 있는 단어이다.

한 땀, 한 땀 공을 들여 이어지는 바늘땀의 모양과 삶의 현장에서 흐르는 땀 모두 같은 된소리 발음으로 표현됨이 결코 우연이 아니란 생각이다.

'뜻(will)'은 꿈과도 상통하는 의미이다. 그러나 '큰 뜻을 가슴에 품는다'는 단순한 꿈을 넘어서는 '의지'를 말하는데 장기적으로 꿈을 향해 나아가고 이루고자 하는 과정에 우위를 둔다. 강한 의지를 가지려면 '하고 싶은 것'을 찾아 꿈을 가지고 한 가지씩 목표를 이루어 나가려는 노력이 함께해야 한다.

'뜸'을 잘 들여야 한다. '뜸 안 든 밥' 너무 싫다. '뜸 들이기'가 가끔 부정적인 뜻으로도 쓰이지만, 불 조절하고 완숙단계로 넘어가는 진지한 삶을 성숙시키는 과정에 필수 요건이다. 중의적 의미의 단어 '뜸(灸)'은 한의학에서 사용되기도 한다. 주로 쑥을 작게 뭉쳐 아픈 부위, 연관된 뜸자리에 놓고 태워 자극을 주어 질병을 치료하는 시술을 뜻한다.

'卖关子[màiguānzi]'는 절정 클라이맥스에서 이야기를 멈추어 뜸을 들여 궁금하게 하는 것을 말한다.

밥에 뜸을 들이는 것은 '焖饭[mènfàn]'이라고 한다. '뜸 들일 민(燜)'이 재미있는 글자이다. 번민(煩悶)의 번은 머리(頁)에 불(火)나는 글자와 답답할 민(悶)이 합한 글자인데 '뜸 들일 민(燜)'은 답답하게 가두고 불을 들이대는 글자이니 뜸 들이는 의미의 글자로 딱이다.

'때'는 삶의 여정에 '적절한 시점'을 뜻한다. '무엇을 하려고 하는 또는 할 수 있는 좋은 시간'은 기회의 의미라고도 할 수 있다. 인생에서 중요한 시기를 놓치지 말아야 함을 표현하여 '다 때가 있다'고 준비하란 말이다.

'趁熱打鐵[chènrèdǎtiě]'는 흔히 '쇠는 단김에 두들겨야 한다', '소뿔도 단김에 빼라'는 뜻의 성어이다. 'Strike while the iron is hot!' 이라는 똑같은 의미의 영어 속담이 존재하는 것도 재미있다.

소뿔을 뽑을 때 너무 많은 열을 가하면 뿔의 모양이나 재질이 변화될 수 있기 때문에 분리될 수 있는 시점을 정확히 정해서 결정해야 한다. 또한 뜨거워져서 물렁물렁한 적시를 놓치게 되면 뿔을 뽑기가 힘들어지므로 그 시기를 잘 아는 것이 기술이다. 또한 소뿔의 재질이 달라지지 않도록 적당한 열로 달구는 기술도 필요하다.

이처럼 소뿔을 제대로 달궈 제때에 빼내지 못하면 다시 그것을 달구기 위해 상당한 시간과 노력이 들어가므로 '소뿔도 단김에(달구어졌을 때) 빼라'는 속담이 생긴 것이다.

'趁热[chèn rè]'는 '뜨거울 때를 이용하여'라는 부사구이므로 식사시간에도, 快趁热吃, 趁热吃처럼, '식기 전에 어서 드세요!' 문구

로 많이 사용하는 관용구이다.

　여기까지 '쌍디귿' 한 음절 단어 설명을 하면, 공개강좌에서 '쌍디귿' 한 음절의 단어 중에 '떡'을 제안하는 분이 있다. 성경의 포도주와 떡의 비유에서 보듯 인류의 먹거리를 '떡'으로 대표하는 단어라고 하는데, '성공을 위한 인성'은 아닌 듯하다. 또 좀 벌어서 '땅'을 좀 가져야 하지 않을까 제안하는 분도 있는데 이것도 삶에서 추구하는 재물의 일종이다.

　여기까지 나열하고 오히려 '딸'을 내세우는 게, 강좌를 마무리하면서 다 같이 자연스럽게 웃을 수 있다. '아들만 있는 집'의 부모 운명이 얼마나 비참한가에 대한 유머를 더하면서, 요즘 세상에 '길거리 나앉기 전에' 반드시 '딸 출산'의 덕목을 갖추도록 말이다.

― 在世上，使我最开心的四个字。―
세상에서 나를 가장 기쁘게 하는 네 글자.

要死要活 [yàosǐyàohuó]

결사적으로. 죽기 살기로.(정도가 심각하고 굉장함을 과장법으로 나타냄)

拼死拼活 [pīnsǐpīnhuó] 죽기 살기로 싸우다. 목숨을 걸고 싸우다.

삶의의미 _ 生意, 生业, 职业

生意[hēngyi] 장사, 영업, 사업, 비즈니스(business), 거래, 직업

'삶의 의미'는 삶과 실존의 목적과 의의(意義)를 다루는 철학적 의제를 구성한다. '우리는 왜 여기에 있는가?', '삶이란 무엇인가?', '모든 것의 의미는 무엇인가?'

이에 대해 많은 철학적, 과학적, 신학적 고찰의 대상으로, 다양한 문화와 이데올로기를 바탕으로 해답을 추구한다. 인간 중심적인 접근으로 '삶의 의미는 무엇인가'라는 질문에 대해 중국인들은 '하는 일!'이라고 명쾌하게 답한다. 우리도 깊이 공감하는 내용이다.

> "남들은 다 달려가는데 나 혼자만 제자리에 서 있는 것 같은 느낌이 들 때가 간혹 있습니다. 살아간다는 것은 어떤 의미로는 현실에 도전해 나간다는 뜻이기도 합니다. 자기 스스로 감당할 수 있는 것, 땀 흘린다는 것, 이것만으로도 우리 삶의 의미는 충분합니다."
>
> 〈우리 사는 동안에〉 이정하

중국어로 '生意'는 그저 장사, 영업 또는 직업으로 사용되는 단어이다.

하지만 '당신은 무슨 일 하십니까? (你做什么工作)와 같이 직업을 물어볼 때 흔하게 쓰는 '일'이라는 말은 工作[gōngzuò; 꽁쭈어]이다.

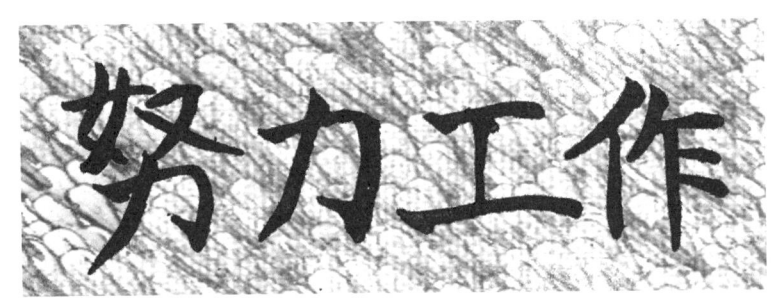

'대남공작(對南工作)' 하면 '남한에 대해 어떤 목적을 위하여 미리 일을 꾸미다'의 섬뜩한 이야기다. 조선민주주의인민공화국(朝鮮民主主義人民共和國)과 중화인민공화국(中華人民共和國)이 같은 인민공화국이다 보니 정치적, 문화적인 배경에 의해, 북한에서 사용하는 말이 '중국어 단어를 그대로 사용하는 경우'가 훨씬 많다고 느껴진다. 工作人員(공작인원)은 '스포츠 경기 요원, 워킹 스태프' 등의 뜻이고 '努力工作[nǔlìgōngzuò]; 누리꽁쭈어'는 '열심히 일하다'의 뜻이다.

이에 반해 우리말로는 '생업(生業)', '직업(職業)', '작업(作業)' 등의 단어를 많이 사용한다. 원래 '업(業)' 글자는 글자 전체가 옛날 악기

(樂器)인 종이나 북을 거는 도구(道具)의 모양을 본뜬 것이다. 특히 그 윗부분의 가로 판자(板子)의 모양을 따온 글자이다.

이 모양 글자가 나중에 '큰 널빤지'에서 '기록하는 널빤지'로 그리고 '문서(文書)'나 '일'의 뜻으로 되어 '하는 일'이라는 뜻의 한자가 되었다. 재미있는 것은 '업(业)'의 간체자를 만드는 과정에, 그 한자의 맨 윗부분 '業'만을 따서 '业[yè]'로 쓰고 '예'로 발음한다.

우리가 말하는 '생업(生業)'을 '生业[shēngyè; 셩예]'로 간체자로 쓰는 단어가 있기는 하지만, 일상생활에서 '장사, 영업, 사업'의 의미로는 압도적으로 '生意; 삶의 의미'의 단어를 말한다.
오히려 기초단어로 많이 쓰는 '作业[zuòyè; 주오예]'는 우리에게 '작업'의 의미지만 중국어로는 가장 흔히 '학교숙제'를 뜻한다.

직업(職業)의 간체자는 '职业[zhíyè; 즈예]'로 쓰고 직업을 의미한다. 전업(專業)의 간체자는 '专业[zhuānyè; 주안예]'로 쓰고 '전공, 전문'을 의미한다. 졸업(卒業)은 중국어로는 '마칠 필(畢)'을 사용하여 '毕业[bìyè; 비예]'라고 발음한다. 공업(工業)은 '工业[gōngyè; 공예]', 농업(農業)은 '农业[nóngyè; 농예]', 상업(商業)은 '商业[shāngyè; 샹예]'로 발음한다.

한국말과 중국말 발음 대비에서 '비음운미(鼻音韻尾)인 n·ng 소리'는 발음을 그대로 하고, '입성운미(入聲韻尾) -p, -t, -k 와 -l 받침'은 다 탈락하는 중국어 발음 원칙(받침 다 날아가고 'ㄴ, ㅇ' 두 받침만 발음하고 '-m은 -n'으로 발음)만 생각하면 7할~8할의 중국어 발음은 우리 발음과 매우 유사하다.

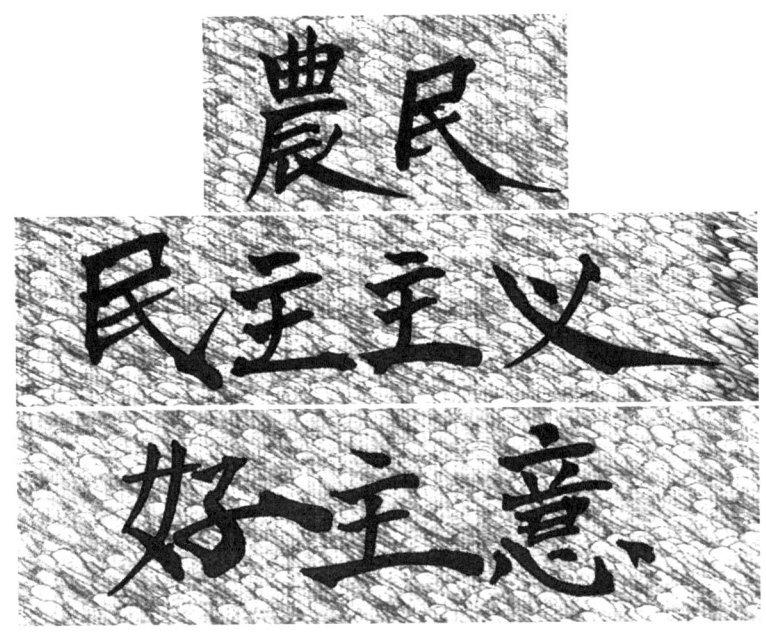

다음의 발음들은 그냥 우리말과 소리와 의미가 같다.

'농민(農民)'은 '农民[nóngmín] 농민'이고, '민주주의(民主主義)'는 '民主主义[mínzhǔzhǔyi] 민주주이'이다.

우리말과 중국어의 발음 비교 학습법은 '아주 좋은 생각'이다.

'That's a good idea'는 '好主意[hǎozhǔyi; 하오주이]!' (좋은 아이디어이다!)

> 석가모니(釋迦牟尼)는 인간을 다섯 유형으로 보았다.
>
> 1. '이 사람이 없으면 곤란하다'고 여겨지는 사람
> 2. '이 사람이 있었으면 좋겠다'고 여겨지는 사람
> 3. '이 사람은 있어도 그만, 없어도 그만'이라고 여겨지는 사람
> 4. '이 사람은 없는 쪽이 좋겠다'고 여겨지는 사람
> 5. '이 사람은 차라리 죽었으면 좋겠다'고 여겨지는 사람
>
> 〈운이 좋다〉 사이토 히토리

'生意'를 사업, 직업을 뛰어넘는 참 '삶의 의미'로 생각하면 좋겠다. 거창한 철학적, 과학적, 신학적 고찰을 배제하고, 나의 '일'에서 추구한 '오늘의 나'는 과연 어느 유형의 사람인가를 생각하는 것이 땀 흘린 우리 '삶의 의미'를 느끼는 좋은 방법일 것이다.

― 在世上，使我最开心的四个字。―
세상에서 나를 가장 기쁘게 하는 네 글자.

半途而废 [bàntú'érfèi]

일을 중도에 그만두다. 도중에 포기하다.

见好就收 _ 박수 칠 때 떠나라, 功成身退

见好就收[jiànhǎojiùshōu] '박수 칠 때 떠나라!'
'좋을 때 그만두다', '적당한 시기에 물러나다'의 뜻이다.

'공성신퇴(功成身退[gōngchéngshēntuì])'라는 성어도 있는데 '공을 세운 뒤 곧 물러나서 명성을 지키다'는 뜻으로, 성공을 이루고

그 공은 자랑하지 않는다는 의미가 있다. 한 마디로 '박수 칠 때 떠나라!'

어느 분야, 어떤 일을 통해 부, 명예, 성공 등을 얻은 사람이든 성공의 절정기가 꺾이고 언젠가는 쇠퇴하는 시기가 찾아오게 마련이다. 이때 아직 좋은 평가를 받는 가운데, 미련 없이 자신의 일을 그만두고 물러나기란 쉽지 않다.

일에는 흥망성쇠가 있다. 흥하는 시기에는 뭘 해도 되지만, 망하는 시기에는 뭘 해도 욕먹는 시기가 온다. 자신의 상황과 위치를 봐서 물러날 때를 정해야 하지만 본인의 상황판단 실수나 다른 이유 등으로 그 시기를 놓치면 자칫 자신의 물러나야 하는 현실을 홀로 인정하지 않는 꼴이 되어 손해도 보고 비난도 따르게 된다. 즉, 물러날 때를 잘 정해야 지금껏 쌓아온 명성과 업적을 잃지 않는다.

물러남이 쉽지 않은 것은, 다르게 본다면 제대로 끝맺음하지 않고 후일이 두려워 발을 빼는 것으로 비추어질 수도 있기 때문이다. 사실 사람의 일이란 게 언제 흥할지, 언제 몰락할지를 어떻게 알겠는가?

10여 년 전 버라이어티 리얼 수사극 '박수 칠 때 떠나라!'라는 영화가 있었다. 살인사건의 수사과정이 생중계된다는 흥미로운 설정으로 48시간 안에 전 국민의 참여와 관심 속에, '수사극'이 진행된다. 초기의 용의자가 범인이 아니고 미궁에 빠진 수사의 반전을 위해 벌어지는 여러 가지 상황이 화제가 되었다. 영화 제목 '박수 칠 때 떠나라'의 의미에 대해서는 죽음에 대해 굳이 자살을 하지 않았어도 어차피 죽을 운명이었던 것에 대한 상징적 의미이니, 인생의 흥망성쇠에 따른 진퇴 시기를 거론한 '좋을 때 그만두다'는 의미와는 무게가 좀 다르다.

> 일본에서 누구나 한번 들어가면 좀처럼 나오지 않는다는, 최고의 직장으로 꼽히는 곳이 아사히신문사이다. 그곳 기자였던 '이나가키 에미코'는 내 또래의 여기자다. 그녀는 마흔 살이 됐을 때 사표를 쓰기로 결심했다. 당장 그만두려는 건 아니었다.

(조선일보 인터뷰 기사)

10년 후, 그러니까 쉰 살이 됐을 때쯤 회사를 관두기로 마음먹었다. '월급'과 '인사고과'에 매달린 자신이 싫어졌다. 월급을 받기 위해 열심히 일했지만 돈은 늘 모자랐고, 갖고 싶은 건 끝이 없었다.

그러던 그녀가 사는 방식과 가치관을 바꾸어 소비를 줄이고 자유를 찾아 퇴직을 꿈꾸다 보니, 회사 생활도 뜻밖에 즐거워졌다. 월급과 인사고과에 목맬 필요가 없어졌기 때문이다. 오십 되던 해 그녀는 자유를 찾고, 〈퇴사하겠습니다〉라는 제목의 책을 출간했다.

그녀도 '회사를 그만두고 나면 인생이 정말 환해지느냐'는 질문에 '아니다'라고 답했다. 사표를 쓰기 전에는 회사를 그만두면 복잡한 고민이 다 사라지겠지 했던 것이 다 해결되지도 않았고, 고민은 늘 같은 자리에 있다고 느껴졌다는 것이다. 그러나 후회가 없는 이유는 '이제야 내 인생을 사는 것 같다'는 생각이 들어서다.

월급 대신 자유가 늘었고, 남 탓을 못 하는 대신 온전히 인생을 책임지는 무게감도 느낀다. 막상 사표를 내고 나니 더 다양한 사람을 훨씬 많이 만나는데, 예전에 회사를 통해야만 얻을 수 있는 것이 있다고 생각했는데, 나와 보니 꼭 그런 것도 아니었다.

내가 회사와 조직을 위해 기왕 더 잘 다녀보려고 한다면, '열심히 퇴사 준비'를 하면 된다. 끝을 생각하지 않으면, 죽으라 뛰면서 많은 것을 놓치게 되고 언제가 적당한가를 깨달으면 스스로 '참 행복'을 느낄 수 있다.

"사람이 '뭔가'이지 않으면 안 된다는 강박관념에서 벗어났거든요. 그저 이렇게 살아있는 것만으로도 의미가 있다고 생각합니다. 기왕이면 더 가볍게, 더 자유롭게 주위 사람들을 돕고 살다 가고 싶어요. 그렇게 주거니 받거니 하면서 죽을 때까지 제 인생을 살아낼 거예요."

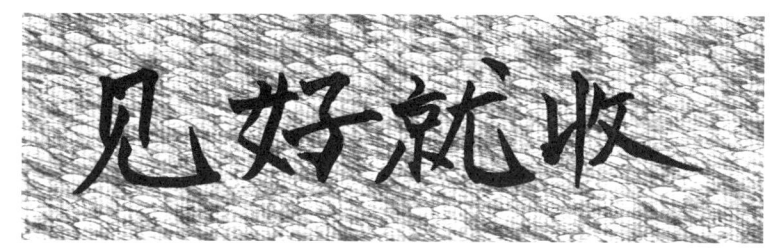

'见好就收; 좋을 때 그만두다. 적당한 시기에 물러나다', '功成身退; 공을 세운 뒤 곧 물러나서 명성을 지키다', '박수 칠 때 떠나라!'
이 모두 죽어라고 뛰면서 우리가 적절한 시점을 어떻게 잡을 수 있단 말인가.

끝을 생각할 수 있으려면, 내가 이제 '뭔가'이지 않아도 된다는 의미를 알아야 하고, 그제야 내 인생을 사는 것이다.

'家家都有一本难念的经'은 '집집마다 곤란한 일이 있는 법'이란 뜻이다. 고민 없는 사람 없다는 중국 속담인데, 그 고민들이 죽어라고 뛰면서 해결될 일이라면 고민이라 할 필요도 없다.

— 在世上，使我最开心的四个字。—
세상에서 나를 가장 기쁘게 하는 네 글자.

盛筵必散 [shèngyánbìsàn]

아무리 아름다운 것이라도 언젠간 없어지기 마련임을 이르는 말. '성대한 연회도 언젠가는 끝나기 마련!'

幸福旅行 _ 행복여행, 知足常乐

幸福旅行[xìngfú lǚxíng] 행복 여행

〈꾸뻬 씨의 행복 여행〉은 정신과 의사의 행복 찾기 여행이라고 해야겠다. 동양적 사고와 여행을 즐기는 프랑스 정신과 의사의 다분히 선문답적(禪問答的)인 행복여행은 여행과정에 하나씩 주머니에서 튀어나오듯 행복의 교훈을 던진다. 스물세 가지씩이나.

'뜻밖에 찾아오는', '남과 비교하지 않는 것'에서 느끼는 행복에서 시작하여 행복의 존재는 목표 삼는 미래에 오는 것이 아님을 강조한다.

좋아하는 사람과 함께, 사랑하는 사람과 이별하지 않는 것, 자연과 함께 오늘 내가 살아있음을 느끼는 것, '경쟁심을 버리고 사물을 바라보는 자신의 방식에 따라' 행복은 따라온다는 것, 그리고 사랑하는 사람의 행복을 생각해 주는 것이 행복여행의 교훈임을 알려준다. 아무 부족함이 없다는 것을 느껴야 한다고.

知足常乐[zhīzúchánglè] 만족함을 알면 항상 즐겁다.
知足常乐的人最幸福。만족을 알아 늘 즐거운 사람이 가장 행복하다.
현재에 만족하고 현재에서 행복을 느끼라는 말씀!

정신과 의사로 〈꾸뻬 씨의 행복 여행〉의 저자인 프랑수아 를로르, 그 자신이 아직도 여행 중인 사람이다. 한국어 번역판 서문에 '불행하지도 않으면서 불행하다고 생각하는 사람들'에게 '꾸뻬가 제공하는 카드 선물'이 있다.

춤추라, 아무도 바라보고 있지 않은 것처럼.

사랑하라, 한 번도 상처받지 않은 것처럼.
노래하라, 아무도 듣고 있지 않은 것처럼.
살라, 오늘이 마지막 날인 것처럼.

〈사랑하라, 한 번도 상처받지 않은 것처럼〉(알프레드 디 수자)의 노래에는

춤추라, 아무도 바라보고 있지 않은 것처럼
사랑하라, 한 번도 상처받지 않은 것처럼
노래하라, 아무도 듣고 있지 않은 것처럼
일하라, 돈이 필요하지 않은 것처럼
살라, 오늘이 마지막 날인 것처럼.

'돈이 필요하지 않은 것처럼 일하라'는 행이 하나 더 있다.

영작을 하면,
Dance, like nobody is watching you.
Love, like you've never been hurt.
Sing, like nobody is listening you.
Work, like you don't need money.
Live, like today is the last day to live.

중역을 하면,
跳舞吧, 像没有任何人欣赏一样
去爱吧, 像没受过伤害一样
唱歌吧, 像没有任何人聆听一样
干活吧, 像不需要钱一样
生活吧, 像今天是末日一样

주제넘게 비뇨기과 의사가 카드에 두 가지 문구를 더 넣어 보았다.
진료하라, 가족처럼! 看病吧, 像一家人一样
마셔라, 처음처럼! 喝酒吧, 初饮初乐

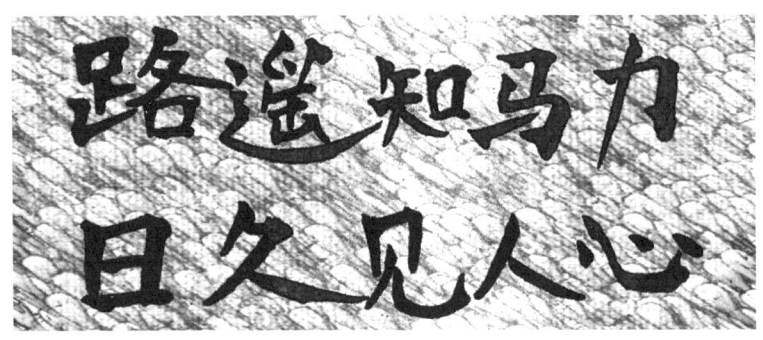

긴 시간, 긴 여행에서 우리는 인생의 동반자들을 알아간다. 흔히 인용되는 중국 속담에 '길이 멀어야 말의 힘을 알 수 있고, 세월이 오래 지나서야 사람의 마음을 알 수가 있다'는 말이 있다.

'路遥知马力, 日久见人心[lùyáozhīmǎlì, rìjiǔjiànrénxīn]' 함께한

시간이 동반자의 진심을 알게 한다.

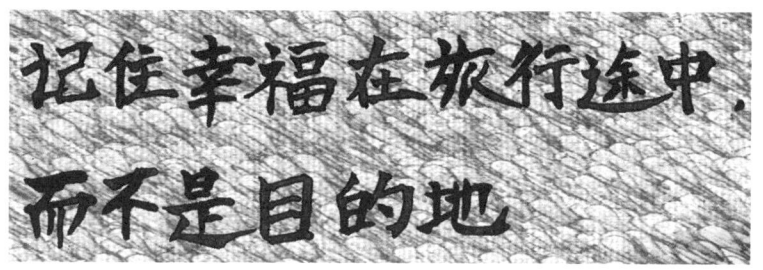

记住幸福是在旅行途中, 而不是目的地
행복은 여정이지, 목적지가 아니라는 점을 기억하라. (로이 M. 굿맨)

한자의 '다행 행(幸)' 글자는 전쟁에서 유래한 한자이다.
夭(일찍 죽을 요)와 屰(거역 역)의 합자(合字)로 보아 일찍 죽임을 면한다는 의미가 있고, 글자 자체가 모양자(幸)로 '착고(着錮)'라는 손을 묶는 형틀을 뜻하므로 사망하지 않고 '전쟁에서 포로로 묶여, 살아남아 다행'이라는 뜻이 있다.

억지 비유일지 몰라도 '현재에 만족하고, 현재에서 행복을 느끼려면', 현재의 '착고(幸)에 손을 묶여 행복하다!'라고 외쳐야 하는 것 아니겠는가?

― 在世上，使我最开心的四个字。―
세상에서 나를 가장 기쁘게 하는 네 글자.

随处作主 立处皆真 [suíchùzuòzhǔ lìchùjiēzhēn]

임제선사는 "수처작주(隨處作主)요 입처개진(立處皆眞)"(가는 곳마다 머물기에 적절하고 머무는 곳마다 거기가 바로 참의 자리이다) 이라고 하였다.

絜矩之道 _ 혈구지도, 己所不欲 勿施於人

絜矩之道[xiéjǔzhīdào] 혈구지도는 곱자(나무나 쇠를 이용하여 90도 각도로 만든 'ㄱ'자 모양의 자)를 가지고 재는 방법으로, 자기의 처지를 미루어 남의 처지를 헤아리는 것.

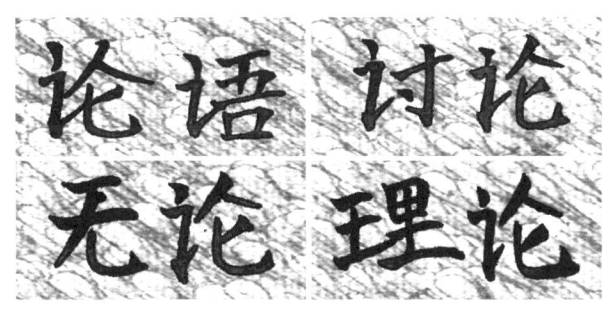

공자(孔子)님 말씀을 모아 전해 내려오는 〈논어〉(論語)는 중국어

에서 일반적인 단어의 성조와는 다르다. '말할 론'으로 발음하면 论语[lùnyǔ] '내려발음' 하는 4성으로 발음하여야 하는데, 예를 들면, 토론은 讨论([tǎolùn; 타우룬]), 물론은 无论([wúlùn; 우룬]), 이론은 理论([lǐlùn; 리룬]) 등으로 '내려발음' 한다.

그런데 '논어 론'으로 발음하게 되면 '论语[Lúnyǔ; 룬위]'로 2성, '올려발음'을 해야 한다. '논할 론'이 다음자인 것이다.

사실 같은 글자여도 쓰이는 품사에 따라 혹은 의미에 따라 중국어의 성조가 변하는 다음자(多音字)는 여러 글자가 있다. 그중 재미있는 것은 '조선(朝鮮)'이 두 글자가 다 '다음자'라는 사실이다.
朝[cháo] '마주하다, 향하다'의 의미와 朝[zhāo] '이른 아침'의 의미로 쓰일 때 발음이 다르고, 鮮[xiān] '싱싱할 선'과 鮮[xiǎn] '적다, 드물다'의 발음이 성조가 다르다. 朝鮮[Cháoxiǎn] '조선'을 중국어로 발음하는 것을 보면 '드물게 마주하다'의 의미로 발음하여 고요한 아침의 나라라는 의미와는 사뭇 다르다.

어쨌든, 공자님은 중국에서 너무 중요한 인물이니 다른 '말씀'과는 다르게 '올려발음' 하는 게 수긍이 간다.
그런데 고등학생 때 처음 三中堂 문고 '논어'의 깨알 같은 글씨 속에 공자님을 만나면서 '내가 하고 싶지 않은 일은 남에게도 시키지 말라'는 공자님 말씀이 너무 웃겨서 하늘을 쳐다보았던 일이 생각난다.

'공자님, 너무 웃기서. '평생 실천할 과제'로 뭐 이런 시시한 소릴 다하시나!' 혼잣말을 하곤 했다. 그런데 세월이 지나갈수록, 문득문득 가슴을 치는 일이 생기는 것이 '아, 사람 사는 세상에서 인간관계의 가장 기본이 남을 배려하는 것이구나!' 느끼고, 반성하고, 무릎을 치게 된다.

중국어를 배우고는 깍듯이 '올려발음'으로 '论语(룬위)'를 모시고 있다.

◇ **己所不欲 勿施於人[jǐsuǒbúyù wùshīyúrén](기소불욕 물시어인)**

이는 '내가 하고자 하지 않는 바를 남에게 베풀지 말라'라는 뜻으로, 자기 스스로 하고 싶지 않은 일을 다른 사람에게도 시키지 말라는 것이다. 〈논어〉(論語) 위령공편(衛靈公篇)에 나오는 구절에서 유래하였다.

자공(子貢)이 공자에게 "제가 평생 동안 실천할 수 있는 한마디의 말이 있습니까" 하고 묻자, 공자는 "그것은 바로 용서의 '서(恕)'이다(其恕乎). 자신이 원하지 않으면 다른 사람에게도 하지 말아야 한다[己所不欲勿施於人]"라고 말하였다. 자신이 하기 싫은 일은 다른 사람도 마땅히 하기 싫어할 것이기 때문에 내가 원하지 않는 일을 남에게 강요해서는 안 된다는 말이다.

　서로의 입장을 이해하며 용서하는 마음으로 다른 사람의 인격을 존중해야 한다는 가르침이다.

　하루의 일과를 마치고 나의 '일기장(cadaver;日記名)'을 앞에 두면 매일 '아차' 하고 '論語(론위)'를 올려발음 하게 된다.

　'己所不欲, 勿施于人': 내가 하고자 하지 않는 바는 남에게 억지로 시키지 말아야 한다!

　정말 행동으로 옮기기 어려운 '경구(警句)'이다.

　대학(大學) 10장은 혈구지도(絜矩之道)를 이렇게 이른다.

　"이른바 천하를 화평하게 만드는 일은 그 나라를 다스리는 데 달려 있다. 윗사람이 노인을 노인으로 대접하면 백성들 사이에 효가 흥할 것이고, 윗사람이 연장자를 연장자로 대접하면 백성들이 이를 따라 할 것이며, 윗사람이 고아를 긍휼히 여기면 백성들이 배반하지 않을 것이니, 이런 까닭에 군자는 혈구지도(絜矩之道)를 지켜야 하는 것이다.

위에서 싫어하는 것으로 아랫사람을 부리지 말 것이며, 아래에서 싫어하는 것으로 윗사람을 섬기도록 하지 말 것이다. 앞에서 싫어하는 것을 뒷사람의 앞에 놓지 말고, 뒤에서 싫어하는 것인데도 앞사람을 따르도록 하지 말 것이다. 오른쪽에서 싫어하는 것으로 왼쪽과 사귀지 말 것이며, 왼쪽에서 싫어하는 것으로 오른쪽과 사귀지 말 것이다. 이러한 것들을 일러 혈구지도(絜矩之道)라 한다."

혈구지도(絜矩之道 [xiéjǔzhīdào])는 '곱자(나무나 쇠를 이용하여 90도 각도로 만든 'ㄱ'자 모양의 자)를 가지고 재는 방법'으로, 자기의 처지를 미루어 남의 처지를 헤아리는 것(자신을 구부려 배려하는 것)을 비유한다.

오늘 하루, '나의 잣대를 구부려 보았을까?' 생각해보니 얼굴이 붉어진다.

— 在世上，使我最开心的四个字。—
세상에서 나를 가장 기쁘게 하는 네 글자.

易地思之 [yìdìsīzhī] 역지사지

推己及人 [tuījǐjírén] 자기 마음에 비추어 다른 사람의 마음을 헤아리다. 역지사지(易地思之)하다. 처지를 바꾸어 생각하다.

上善若水 _ 상선약수, 難得糊塗

上善若水[shàngshànruòshuǐ] 上善은 물과 같이; 상선약수(上善若水)는 가장 좋은 선은 물과 같다는 뜻이다. 〈노자〉(老子)

최고의 선은 마치 흐르는 물과 같아야 한다. 그래서 '법(法)'이란 글자도 '물 수(氵)' 변에 '갈 거(去)' 자를 쓰게 되었다.

덕이 있는 사람은 마치 물과 같다. 물에는 세 가지 특성이 있다. 첫째, 물은 만물을 길러낸다. 둘째, 물의 성질은 유하고 약하다. 자연에 따르며 싸우는 일이 없다. 셋째, 물은 사람들이 싫어하는 낮은 곳으로 흐른다. 깊은 물일수록 깨끗하고 덕이 있는 사람은 함부로 말을 하지 않는다. 또한, 물은 만물에 베풀고 덕이 있는 사람은 베풀 뿐, 보은을 바라지 않는다. 물은 만물을 있는 그대로 비추고, 덕이 있는 사람의 말은 거짓이 없다.

물은 겸손하여 남과 다투지 않고 물은 부드러워 모두를 포용하며 더러움을 씻어내고 맑게 하며 때로는 부드러움으로 강함을 이긴다.
물은 장애물을 만나도 싸우지 않고 먼 길이라도 돌아서 흘러간다. 물의 가르침을 따르는 것은 인간이 추구할 수 있는 본연의 모습이지만 동시에 이를 닮기 위해서는 늘 낮은 곳을 향하고 고이지 않고 흐르는, 끊임없는 쇄신의 노력이 필요하다.

한국을 방문했던 프란치스코 교황은 상선약수(上善若水)를 떠올리게 하는 분이다. 전용 헬기 대신 KTX를 타고 이동했고, 검정 낡은 서류 가방을 손수 들고 다녔다. 그 모습보다 행동에서 묻어나는 느낌이 '약자들과 입 맞추고', '낮은 곳에 눈 맞추고' 부드럽게 포용하며 무엇이든 맑게 씻어내는 것으로 가득하다. 덕이 있는 사람이 흐르는 물과 같아 가식 없이 만물에 베풀 뿐, 그야말로 만물을 있는 그대로 비추는 빛이 느껴졌다.

◈ 노자(老子)의 생명의 지혜

예로부터 일반적인 교훈은 '사람은 강해져야 한다. 약해지면 안 된다. 사람은 현명해야 한다. 멍청이가 되어서는 안 된다'였다. 그런데 노자라는 사람이 나타나서 사람은 '강해서는 안 된다. 약해야 한다. 사람은 현명해서는 안 되며 멍청해야 한다. 사람은 무위, 무아, 무욕이어야 한다. 자연스러움이 중요하다' 이렇게 설파하였다.

우리 몸에서 제일 딱딱하고 강한 것과 부드러운 것을 고른다면 치아와 혀 일 것이다. 그런데 나이가 들면 이는 모두 빠졌지만 혀는 멀쩡하게 남아있다. 큰 나무는 풀보다 강하다. 그런데 태풍이 불면 큰 나무는 부러지고 쓰러지지만 풀은 아무렇지도 않다. 바람은 몸도 형태도 없지만 집과 나무를 쓰러뜨릴 수 있으며 물은 그릇에 따라 모양을 바꾸지만 사물을 가라앉히고 포함할 수 있다. 약한 것이야말로 강한 것이다.

사람들은 현명한 것이 좋다고 하지만 현명한 사람일수록 멍청한 짓을 하게 마련이다. 진짜 부자는 자기 부를 겉으로 드러내지 않는 법. 반대로 반지 목걸이 호화로운 장식을 가진 이들이 집안에 재물은 별로 없다. 시나 글씨나 그림을 문인의 재주라 한다면 이 모두를 잘한다는 이들에게 무엇을 제일 잘하느냐고 물으면 그렇고 그런 경우가 많다. 한 분야의 명인일수록 겸손하다.

사람은 무엇에든 현명해지려면 안된다. 모든 것에 최고가 되려는 것은 어리석은 일이다. 약하면 분쟁에 휘말릴 이유도 없고 어리석으면 화려함에 구애받지도 낳고 실익을 얻을 수 있다. 모든 일은 자연이 하는 그대로 따르면 되는 일이다.

'難得糊塗(난득호도)'란 '어리석은데 총명한 척하기도 어렵지만, 총명한데 어리석어 보이기는 더 힘들다'는 뜻이다.

청나라 서예가 정판교(鄭板橋)의 말인데 중국인들이 매우 좋아하는 어구로서 가훈으로도 많이 쓰인다. 뛰어난 사람이 때로는 바보처럼 어리숙해야 풍랑이 많은 세상에서 현명하게 살아간다는 '도가적(道家的) 삶의 처세술'을 보여주고 있다.

김수환 추기경께서도 깊은 울림을 주는 잠언집 〈바보가 바보들에게〉로 잘난 척하며 대접받기를 바라는 우리 바보들에게 메시지를 주신다.

톨스토이의 〈바보 이반〉 중의 글이다.

"내가 바보가 되면 사람들은 나를 보고 웃는다.
자기보다 못한 놈이라고 뽐내면서 말이다.
내가 바보가 되면 마음씨 착한 친구가 모인다.
불쌍한 친구를 돕기 위해서….
내가 바보가 되면 약삭빠른 친구는 다 떠난다.
도움받을 가치가 없다고….
내가 바보가 되면 정말 바보는 다 떠나고 진정한 친구만 남는다.
내가 바보가 되면 세상이 천국으로 보인다.
그냥 이대로가 좋으니까….

- 在世上，使我最开心的四个字。-
세상에서 나를 가장 기쁘게 하는 네 글자.

谋事在人, 成事在天 [móushìzàirén chéngshìzàitiān]

모사는 재인이고, 성사는 재천이라. 일을 꾸미는 건 사람이 할 바이고, 일이 성사되는 건 하늘에 달렸다. (罗贯中《三国演义》)
尽人事待天命 (진인사대천명)

心不在焉 _ 심부재언, 人莫不飮食也, 鮮能知味也

心不在焉 視而不見 聽而不聞 食而不知其味
(심부재언 시이불견 청이불문 식이부지기미)
'마음에 있지 않으면 보고 있어도 보이지 않고 듣고 있어도 들리지 않으며 먹어도 그 맛을 모른다.'

하고자 하는 마음이 없으면 어떤 일을 행하여도 참된 성과를 거둘 수 없다는 말이다. 〈대학〉의 정심장(正心章)에 실려 있는 말이다.
이것을 일러 수신(修身)은 그 마음을 바르게 하는 데 달려 있다고 하는 것이다. (心不在焉, 視而不見, 聽而不聞, 食而不知其味. 此謂修身在正其心)

소를 물가에 끌고 갈 수는 있지만, 물을 억지로 마시게는 할 수 없는 법이다.

공자께서, "아는 사람은 좋아하는 사람만 못하고, 좋아하는 사람은 즐기는 사람만 못하다(知之者, 不如好之者 ; 好之者, 不如樂之者)'라고 하신 데는 뭘 좀 아는 사람이 좋아하는 경지에 이르고, 좋아하는 수준에서 즐길 줄 아는 단계에 오르는 것이 그 자신의 '바른 마음'과 '하고자 하는 열정'을 가지는가에 달렸다는 의미라는 생각이다.

바로 '마음 심(心)'은 '뜨거운 가슴'이다.

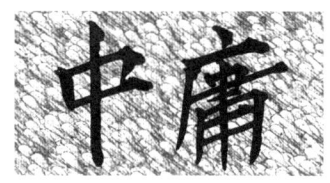

공자께서 〈중용〉(中庸) 제4장에서 도통하지 못하는 이유에 대해 아주 쉽게 설명을 해주신다.

'道之不行也, 我知之矣, 知者過之, 愚者不及也; 道之不明也, 我知之矣, 賢者過之, 不肖者不及也'

'도가 행해지지 않는 이유를 나는 안다. 지혜로운 사람은 지나치고 어리석은 사람은 미치지 못하기 때문이다. 도가 밝게 드러나지 않는 이유를 나는 안다. 현명한 사람은 너무 지나치고 못난 사람은

미치지 못하기 때문이다.'

이 말씀은 '뭘 좀 아는 사람'이 경지에 오르려면 바른 마음으로 정진하여 진정 좋아하는 느낌을 맛보아야 하는데, 수준에 맞지 않는 자기 판단으로 그 느낌을 놓치기 쉽다.

이것이 '과유불급(過猶不及)'의 의미다.

'뜨거운 가슴'과 '하고자 하는 열정'은 중용의 도를 통해서만 적절한 자신에 대한 평가를 바탕으로, 좋아하는 수준에서 즐길 줄 아는 단계에 오르게 된다.

◇ '人莫不飮食也, 鮮能知味也'

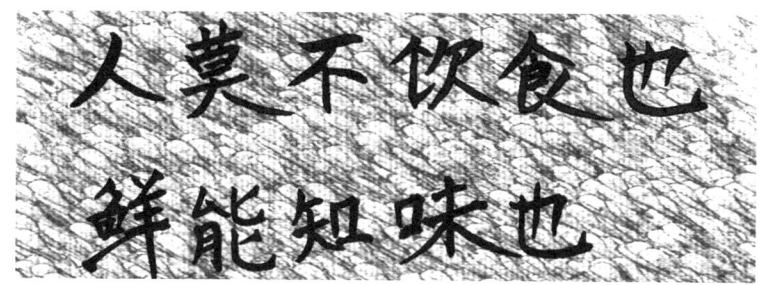

'사람은 누구나 먹고 마시기는 하지만, 맛을 제대로 알 수 있는 사람은 드물다.'

이제 아는 사람이 좋아하는 경지(먹고 마실 줄 아는 경지)에 오른다. 그러면 '맛'은 무엇일까? 바로 중용의 도를 통해 '냉정과 열정 사이의 즐거움'의 경지에 도달함일 것이다.

인간의 '道'는 누구나 부여받아 간직하고 있으며, 자신의 이 '道'를 자각하고 실천하는 과정이 바로 '알게' 되고, '좋아하게' 되고, '즐기게' 되는 과정인데, 이 과정을 치우침 없이 깨우쳐 나가야 '참맛'을 알게 된다.

프로스포츠 선수들에게 2년 차 징크스라는 것이 있다. 대망의 프로 무대에 오르는 것 자체가 '뭘 좀 아는' 선수다. '신인상'을 수상하거나, '베스트 플레이어'로 칭송을 받으면, 재능에 감사하고 그 운동을 '좋아하는' 선수가 된다. 그런데 그 '상 받고', '인기 상승'에, '매스컴의 인터뷰'까지, 흥분의 도가니에 빠지면 치우침이 생길 수밖에 없다. '잘하던 운동'이 '멍석 깔아놓고 하는 긴장'으로 변화한다. 수많은 선배 선수들과 반짝이다 사라져 간 수많은 스타플레이어들이 앞서서 그렇게 가르침을 주었는데도 말이다.

눈부신 여자프로골프 선수들의 활약 속에 은퇴한 어느 선수의 인터뷰가 생각이 난다.

"나의 인생의 전부였고, 내가 좋아하던 운동을 즐기기로 하고 열심히 했는데 뜻대로 잘 안되었습니다. 남은 인생 동안은 정말 골프를 즐기면서 살고 싶습니다."

내가 무엇을 이루어야 '道'가 아니고, 나 자신의 '道'를 느끼면, '참맛'인데,

'道'를 느끼면 참 좋은데, '참맛' 느끼는데 정말 좋은데, 어떻게 표현할 방법이 없네.

'도를 말하면 이미 도가 아니라고'들 하니….

― 在世上，使我最开心的四个字。―

세상에서 나를 가장 기쁘게 하는 네 글자.

高高在上 [gāogāozàishàng]

高高在上 [gāogāozàishàng]
지도자가 현실 속에 들어가지 못하고 대중과 동떨어져 있다.

屋上架屋 [wūshàngjiàwū]
지붕 위에 또 지붕을 만들다. 기구나 구조 등이 중첩되다. 부질없이 거듭하다.

遺愿清單 _ 버킷리스트(Bucket List)

遺愿清單[yíyuànqīngdān] 버킷리스트(Bucket List)

遺愿清單(버킷리스트)는 죽기 전에 해보고 싶은 일들을 정리한 목록이다. 어원은 목을 매고 자살할 때 양동이 위에 올라가서 목을 밧줄에 걸고 양동이를 발로 차서 죽는 것에서 유래했다(Kick the Bucket).

10여 년 전 '버킷리스트' 영화가 소개된 후, 열풍처럼 버킷 리스트라는 단어가 사용되었다. 불치병에 걸려 시한부 인생이 된 후 우연히 재벌 사업가(그 역시 시한부 인생)와 적어두었던 '버킷 리스트'를 같이 해 보기로 하고 이를 이루기 위한 여행을 떠난다.

'장엄한 광경 보기', '모르는 사람 도와주기', '눈물 날 때까지 웃기', '스카이 다이빙', '가장 아름다운 미녀와 키스하기', '로마, 홍콩 여행, 피라미드, 타지마할', '오토바이로 만리장성 질주' 등.

영화에서나 인터넷상의 버킷리스트의 대부분이 '꿈'이다.

돈이 들고, 시간이 들고, 결단을 요하는, 그리고 '시한부라는 조건'을 가지고서야 실행에 옮기게 되는 것들이다. 그러나 막상 실행의 감동은 바로 일상생활에서 평소 소원했던 가족과 친구와 이루어가는 리스트가 참 의미를 가지는 '버킷리스트'가 아닐까?

장엄함, 가장 아름다움도 바로 나의 옆에 있다. 그리고 이들과 함께하면서 '눈물 날 때까지 웃기'가 가능하다.

얼마 전 해외토픽에 네덜란드 현지에서 '애니'(Annie)란 이름으로 알려진 99세의 할머니가 죽기 전에 꼭 해보고 싶은 '경찰에 잡혀가는' 소원을 조카에게 말하고 소원을 이루었다고 한다. 죽기 전에 꼭 해보고 싶었던 일이 바로 손목에 수갑을 차고, 감옥에 갇혀보는 것이었기 때문이다. 그녀는 언제나 손목에 수갑을 차보고 싶었지만, 한 번도 그런 일이 없었다고 한다.

공감할 수 없는 딴 세상의 이야기다.

과연 의미 있는 '버킷리스트'일까?

미국에서 창설된 'make a wish foundation'은 백혈병 등 난치병 어린이들의 소원을 들어주는 재단이다.

  백혈병으로 투병 중이던 일곱 살 크리스는 생이 얼마 남지 않은 상황에도 경찰관이 되고 싶은 간절한 소원을 가지고 있었다. 1980년 미국 애리조나 주 경찰국의 도움으로 명예 경찰관이 된 크리스는 경찰 제복을 입고 명예 경찰 선서를 했으며, 경찰 헬기까지 타고 범인을 잡는 체험도 했다.

"엄마, 나 이제 진짜 경찰관이 되었으니까 슬퍼하지 마… 내가 하늘나라에서 엄마 지켜줄게.'

  소년은 마지막 유언을 남긴 채 세상을 떠났다.

  이 일은 Make-A-Wish: (儿童许愿基金), 许愿基金会 Make-A-Wish Foundation)재단이 탄생한 계기가 되었고, 현재 전 세계 39개국에서 34만 명 이상의 난치병 어린이들의 소원을 이루어주는 세계 최대의 소원성취 전문기관이 되었다. 난치병을 이겨낸 젊은이들은 또 자원봉사로 기여한다. 한국에서도 모 생명보험회사 후원으로 활동하고 있다.

  그런데 나의 생각은 '난치병 어린이의 마지막 소원'을 들어주는 许愿基金会(Make-A-Wish Foundation)이나, '불치병 진단으로 시한부 인생을 사는 어른'들의 遺願淸單(Bucket List)나 공통점은 이제 쫓기는 시간을 인지하고 나서 이루어지는 조건 아래서의 바람이다.

우리의 소원은 '꿈'이라고 표현하고, 현실에서는 먼저 시급히 하루하루 살아가는 일상과는 동떨어진, 비현실적인 '리스트'라고 생각하고 살아가고 있다. 인생의 선배들이 그렇게 가르쳐주고 떠났는데도 불구하고…. 결단을 요하는 시한부라는 조건이 주어져야 허겁지겁 '리스트'를 들추어 볼 것이 아니라, 바로 이 순간 일상생활에서 가족과 친구와 이루어가는 '버킷리스트'를 만들어야 마땅하다.

나는 이번 기회에 '네 글자; Four-letter words와 四字成語'를 정리하면서 28년째 환자 진료에 바쁘다고 핑계를 대던 모습이 부끄러워졌다. 이제는 '네 글자'를 붓글씨로 쓰고, 그 속에 스며있는 역사적, 문학적 교훈과 말의 품위를 높여주는 뜻을 되새기면서, 그 의미를 가족, 친구들과 나눌 수 있게 되는 짜릿한 기쁨을 가지게 되었다. 이제 나의 '리스트'는 매일 품을 수 있는 소중한 생활 일부가 되었다.

20년 전 'Sexology(성학회)'에서 어느 문화인류학자(文化人类学者; cultural anthropologist)가 남긴 말을 잊지 못하고 살아간다.

"Life is a terminal disease, and it is sexually transmitted."
'인생은 성적으로 매개되는 '불치의 병'이다!'

— 在世上，使我最开心的四个字。—
세상에서 나를 가장 기쁘게 하는 네 글자.

逍遥法外 [xiāoyáofǎwài]

법을 어기고도 아무런 법적 제재를 받지 않고 자유자재로 행동하다.
(스필버그 영화 Catch me if you can! 중국 제목)
(미국드라마) (How to Get Away with Murder, ABC방영)
逍遥自在 [xiāoyáozìzài] 아무런 구속도 받지 않고 자유롭게 살아가다. 어느 것에도 얽매이지 않고 살아가다.
'마파람에 돼지불알 놀듯', 무사태평하다.

_ 后記(후기) _

- 第二毒箭, 凡事都取决于心态 -

　우리가 살아가는 한자문화권에서 '네 글자'가 깊은 교훈과 비유적 표현으로 언어의 품위를 높이는 큰 역할을 하고 있음은 주지의 사실이지만, 막상 얕은 지식으로 우리말, 한자, 중국어의 사자성어(四字成語)를 찾아보면서 새삼 느껴지는 바가 있다. 서양의 영어권에서 Four-letter word란 '네 글자'의 저속하고 모욕적인 뜻과 대비가 된다는 점이다.

　오십 되던 해, 주말에 서점에서 생각지도 못했던 '중국어' 코너에서 〈기적 중국어〉(조혜련, 조혜숙 저)를 집어 들고 소설 보듯 읽다가, 정말 기적적으로 중국어를 시작할 용기를 내었다. 처음 배우면서도, 과거에 한자 붓글씨를 써보았던 터라 별로 글자 익히기에 어려움이 없을 거라고 자만하다가 간체자(簡体字)를 익히느라 혼쭐이 났다. 하지만 새로운 글자를 용기 내어 배우다 보니 마음을 열고(开心[kāixīn; 즐겁다]), 그 재미에 푹 빠지게 되었다.

중국어를 배우기 시작하니 그냥 영어로 발표하고 다녀오던 중국에서 개최되는 국제의학회, 진료실에서 만나는 많은 중국 환자들, 국내의 중국어권 거주민과 여행객들까지 점점 '중국어 활용'에 대한 관심의 폭이 넓어졌다.

책이나 매체에서 접하게 되는 '중국화 된 외래어'를 읽고 발음하는 것에 몇 개씩 눈뜰 때마다 재미도 더해간다. 전혀 언어학과는 관계없는 전공의 내가 감히 이런 책 내용을 쓰게 된 것이, 완전 문외한이 느낀 흥미와 재미에서 시작한 것이라 부끄럽기 짝이 없다.

처음 한자 붓글씨를 배울 때, '마음 심(心)' 쓰기가 그 어떤 글자의 붓놀림보다도 중요하며, '마음 심(心)' 글씨체가 곧 그 사  람의 서예 실력을 가늠하는 잣대라는 가르침을 받았다. 또한 마음이 바른 사람이 '마음 심(心)' 글자를 제대로 쓸 수 있다는 말씀과 함께. 당시 열 살 나이에도 '마음을 바로잡겠다'고 다짐하며 먹을 갈며, 묵향이 피어오르고 먹물의 점도가 적당해지는 순간 마음이 편안해짐을 느낄 수 있었다.

'마음에 있지 않으면(心不在焉)'이라는 의미가 세월이 흐를수록 무겁게 느껴진다. '하고자 하는 마음'이 없으면 어떤 일을 행하여도 참된 성과를 거둘 수 없다.

　한자 '마음 심(心)'은 가슴뼈를 열고 해부한 심장의 모양을 그대로 상형화한 '모양자'이다. 세 개의 '점' 획은 심장으로 들어오고 나가는 큰 혈관의 절단면이요, 가운데의 길게 누워 늘어뜨린 획은 해부하였을 때 비스듬히 누워있는 좌심실, 우심실의 일부를 형상화하였다. 좌심실이 대동맥으로 큰 압력으로 뿜어내는 혈류(血流)가 글자에서 역동적으로 느껴진다.

　붓으로 써보던 '마음 심(心)'을, 의과대학을 다니며 '인체해부'를 경험하고 '청진을 해보고' 수많은 영상자료를 원 없이 보았으니 나는 '참 운이 좋은' 사람이다.
　대학 때 나의 일기장의 별칭을 'Cadaver; 해부용 사체'로 하여 아직도 그렇게 부르고 있는 이유이다.

　'마음 심(心)'은 '역동적(力動的)'이다!

중용(中庸) 제4장의 '人莫不飮食也, 鮮能知味也'
　'사람은 누구나 먹고 마시기는 하지만, 맛을 제대로 알 수 있는 사람은 드물다'는 말씀은 바로 뜨거운 가슴을 가진 자만이 그 마음으로 〈참 맛〉, '진정한 즐거움'의 경지에 도달할 수 있다는 가르침이다.

◇ 第二毒箭(두 번째 화살)

　불교적 가르침에 〈잡아함경〉에 나오는 '두 번째 화살' 가르침이 있다.
　가르침을 받지 않은 사람은 괴로운 느낌을 받으면 비탄에 잠기면서 매우 혼미하게 된다. 그것은 마치 첫 번째 화살을 맞고 난 뒤에 다시 두 번째 화살을 맞는 것과 같다. 반대로 가르침을 받은 사람은 괴로운 느낌을 받아도 쓸데없이 비탄에 잠겨 혼미하게 되지 않는다. 그것이 '두 번째 화살'을 맞지 않는 것이다.

　고통을 즐거움으로!

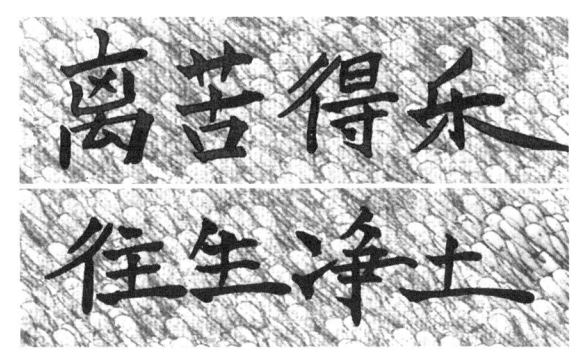

 '离苦得樂, 往生淨土'의 수행이 바로 어리석음을 일깨워 지혜를 구하는 것이지만 이것이 간단치 않다. 괴로운 느낌으로 이를 마음에 담아 소화시키지 못하고 속에서 끓여낸 나 자신의 감정과 의식, 그리고 고통의 생각으로 말과 행동을 일상으로 토해 내게 되면, '두 번, 세 번의 화살'을 맞는 것이다.

 안팎으로부터 어리석은 화, 성냄과 탐심으로 또 다른 고통과 함께 괴로움을 이끌어 온다. 이뿐만 아니라, 아름다움에 빠져 일탈하는 행동도 즐거움에 취하여 집착하면 일탈이 되고 이 또한 '두 번째, 세 번째의 화살'을 맞게 되는데 이때 괴로움의 느낌이 함께하게 된다. '수행'이란 두 번째 화살을 맞지 않기 위하여 정진해야 할 '마음의 수행'이다.
 누구나 화살을 피할 수 없다. 그러나 그에 따르는 감정적 고통은 우리의 선택에 달려있다. 첫 번째 화살은 실제로 일어난 사건이고, 두 번째 화살은 그 사건에 대한 자신의 감정적 반응이기 때문이다.

인생의 고통이라고 말하지만, 우리가 가장 많이 맞는 화살은 어찌 보면 스스로 자신에게 쏘는 두 번째 화살이다.

누구나 사물을 대하게 되면 좋다거나 나쁘다는 생각이 일어난다. 자기의 감정에 포로가 되어 집착하여 괴로워하는 어리석음과 감정을 가지더라도 그것의 포로가 되지는 않는 것이 지혜로움과의 차이라고 할 수 있다. 어리석은 사람은 두 번째의 화살을 맞았고, 지혜로운 사람은 두 번째의 화살을 맞지 않는다. 그걸 알면서도 오늘도 자신을 향해 화살을 날리는 게 우리네 일상이다.

◈ '마음 심(心)' 그 열정과 냉정

> 마음을 열고서(開心; 즐겁다), '뜨거운 가슴'이 되고
> 마음이 괴로운 느낌을 받고서, 비탄에 잠기면서 매우 혼미하게 되고
> 마음의 포로가 되어 집착하고, 두 번째 세 번째 화살을 맞게 되고
> 모두 다 우리의 마음에 달려있다.

'凡事都取决于心态' 모든 일은 마음먹기에 달렸다.

그 마음으로 일상에서 행복 여행(幸福旅行)을 즐기는 것을 버킷리스트(遗愿清单)로 삼을 일이다. 가끔은 처음처럼(初饮初乐)의 맛을 느끼면서.

춤추라, 아무도 바라보고 있지 않은 것처럼
사랑하라, 한 번도 상처받지 않은 것처럼
노래하라, 아무도 듣고 있지 않은 것처럼
일하라, 돈이 필요하지 않은 것처럼
살라, 오늘이 마지막 날인 것처럼

Dance, like nobody is watching you.
Love, like you've never been hurt.
Sing, like nobody is listening you.
Work, like you don't need money.
Live, like today is the last day to live.

跳舞吧, 像沒有任何人欣賞一樣
去愛吧, 像沒受過傷害一樣
唱歌吧, 像沒有任何人聆听一樣
干活吧, 像不需要錢一樣
生活吧, 像今天是末日一樣

진료하라, 가족처럼! 看病吧, 像一家人一樣
마셔라, 처음처럼! 喝酒吧, 初饮初乐